NICHT GEBUCHT
UND DOCH ERLEBT

HEINZ STAUDINGER

NICHT GEBUCHT
UND DOCH ERLEBT

REISEGESCHICHTEN
DER ANDEREN ART

Erlebnisse abseits der offiziellen
Besichtigungsprogramme
und Pauschalreisen

© 2016 Heinz Staudinger
Dritte, erneut durchgesehene
Auflage 2017
Alle Rechte vorbehalten.
Umschlaggestaltung: Heinz Staudinger
Herstellung und Verlag:
BoD - Books on Demand, Norderstedt
ISBN 978-3-7431-9316-1

Meiner lieben Frau Irma gewidmet. Sie war mir ein guter Reisekamerad und sie hat mir sehr dabei geholfen, mich an alle geschilderten Vorkommnisse wieder zu erinnern.

Glonn, im April 2016   Heinz Staudinger

„Das ist das Angenehme auf Reisen, daß auch das Gewöhnliche durch Neuheit und Überraschung das Ansehen eines Abenteuers gewinnt"

J. W. von Goethe: Italienische Reise
Neapel, 9. März 1787

Vorwort

Meine Frau und ich haben viele Länder auf allen fünf Kontinenten besucht. Meist waren es Pauschalreisen, oft in größeren Gruppen, manchmal auch nur zu zweit. Aber von den offiziellen Reiseprogrammen der Veranstalter will ich hier nicht berichten. Es gibt vielmehr Erlebnisse, die sich abseits der offiziellen Besichtigungen abspielten. Die sind oft typischer und geben einen besseren Einblick in die Gegebenheiten der jeweiligen Länder und Regionen als alle Kulturprogramme. Deshalb trägt dieses Büchlein auch den Titel „Nicht gebucht und doch erlebt". Es sind sechsunddreißig kleine Episoden, die solche Erlebnisse schildern. Der Verfasser wünscht viel Freude bei der Lektüre!

Kapitelfolge

Im Krieg — Seite 9

1 Episode   1940

Frühe Nachkriegszeit — Seite 13

3 Episoden   1946 - 1953

Wirtschaftswunderzeit — Seite 26

5 Episoden   1963 - 1978

Zeit für Fernreisen — Seite 45

6 Episoden   1979 - 1988

Nach der Wende — Seite 75

5 Episoden   1989 - 1992

Im Ruhestand — Seite 94

16 Episoden   1995 – 2011

Vor dem Krieg wurde viel gereist in unserer Familie. Die Münchner Großmutter besuchte ihre Schwester in Meran, mein Onkel Walter fuhr mit seiner Frau, meiner Tante Else, nach Paris oder nahm sie gelegentlich auf eine Dienstreise nach Rom mit, meine Eltern fuhren mit mir in die so genannte „Sommerfrische" ins Allgäu nach Hindelang, oder wir besuchten die andere Großmutter in Kempten. Das hörte nach Kriegsbeginn allmählich auf, auch wegen der Gefahr von Tieffliegerangriffen, und meine Mutter fuhr dann lieber mit dem Fahrrad zum Lebensmittelhamstern. Nur der Vater reiste viel, solange er als Oberbauleiter bei der Organisation Todt in Frankreich und Norwegen tätig war.

Auch in Irmas Familie gab es vor Kriegsbeginn viele Reisen, zu den Verwandten am Bodensee, aber auch Ausflüge mit dem Motorrad in die weitere Umgebung.

Im Krieg

1 Episode 1940

1940

Die imaginäre Reise nach Saarlautern

Dies ist zwar keine wirkliche, sondern nur eine imaginäre Reise, die in der Realität nie stattgefunden hat. Aber erlebt habe ich sie in meiner kindlichen

Phantasie sehr intensiv, und deshalb soll sie auch erzählt werden.

Es war in den ersten Monaten des Zweiten Weltkriegs, der zunächst nur ein komischer Sitzkrieg ohne größere Kampfhandlungen war, ein „guerre drôle", wie die Franzosen sagten. Mein Vater war als Regierungsrat an der Obersten Baubehörde auf Anforderung des damaligen „Generalinspekteurs für das Deutsche Straßenwesen" Dr. Fritz Todt zu dessen „Organisation Todt" als Oberbauleiter abgestellt worden, zum Ausbau des Bunkersystems am sogenannten „Westwall".

Unter Anleitung meiner Mutter schrieb ich dem Vater jede Woche einen Brief. Einmal gab es aber dabei ein recht unangenehmes Mißverständnis. Der Vater hatte offenbar einen meiner Briefe völlig falsch aufgefaßt. Sein Antwortbrief hatte folgenden Inhalt:

Saarlautern, 28.I.1940. 8.30

Mein lieber Burschi!

In deinem letzten Brieflein schreibst du: "gestern war ich im Kino und kom bald, dein Burschi" Siehst du, und das freut mich ungemein, daß du zu mir kommst! Jetzt schreib mir nur gleich wann du genau kommst - mit welchem Zug, damit ich dich in Homburg abholen kann. Gib aber Obacht - in Ludwigshafen mußt du umsteigen. Nimmst du die Mutti eigentlich mit? Ich werde auf alle Fälle hier alles fein herrichten, damit du zufrieden bist - Essen kriegst du von den Soldaten und zum Schlafen einen

Strohsack auf einem Holzbett. Wirst sehen, das gefällt dir! Und dann mußt du mir auch einmal alle die Bussi geben, die du mir immer schickst. - Und den Franzosen habe ich auch schon streng verboten, daß sie in der Zeit wo du hier bist schießen; die warten jetzt auch nur noch auf den genauen Tag! - Kommst du denn eigentlich von der Schule weg? Oder nimmst du den Lehrer auch mit? Spielsachen mußt du mitbringen - da haben wir ganz wenige hier; auch Schi und Schlitten bitte mitnehmen - wir haben arg viel Schnee hier. - Also - ich freue mich arg auf dein Kommen!

Im Kino warst du auch! Donnerwetter bist du ein großer Bub geworden - wie hat dir denn die Fliegerei gefallen - hast du noch Schneid ein Flieger zu werden? Ich hoffe doch! -------

Schreib mir bald, wann du kommst - du, noch eins - vielen Dank für die Pralinen - die waren schon sehr fein - nun habe ich sie doch schon alle aufgegessen! Ja der Vati!

Bleib gesund und denk manchmal an deinen dich sehr liebenden Vati.

Es war eine Katastrophe! Wie konnte der Vater meinen Brief nur so mißdeuten! Und vor allem, wie konnte er glauben, daß ein kleiner Junge ganz allein eine so weite Reise machen konnte! Einerseits war ich stolz, daß er mir das alles schon zutraute, andererseits hatte ich große Angst, daß es wirklich so weit kommen könnte und ich die Reise antreten müßte. In Gedanken sah ich mich verlassen auf irgendeinem Bahnhof stehen, auf dem falschen Bahnsteig mit einem großen Koffer und dem Schlitten und den Schiern. Und der ominöse

Strohsack auf dem Holzbett schien mir auch keine verlockende Aussicht zu sein. Aber zuzugeben, daß ich mich einer solchen Fahrt noch nicht gewachsen fühlte, fiel mir auch nicht leicht angesichts der Vorschußlorbeeren, die ich vom Vater bekommen hatte. Zum Glück sagte die Mutter nach einiger Zeit: "Du, Burschi, ich glaube, der Vati hat da irgend etwas nicht richtig verstanden in deinem Brief!" "Ja, da hat er was nicht richtig verstanden", erwiderte ich kleinlaut. "Was meinst du, sollen wir ihm schreiben, daß das ganz anders gemeint war und daß du sagen wolltest, daß der Vati bald kommen soll zu uns, nicht daß du zum Vati kommst?" Mir fiel eine Zentnerlast von der Seele. "Ja, das schreiben wir ihm", rief ich erleichtert. Die Reise nach Saarlautern wurde abgesagt. "Und die Franzosen werden dann schon rechtzeitig erfahren, daß du nicht kommst", sagte die Mutter abschließend. Aber das mit den Franzosen hatte ich ohnehin von Anfang an nicht ernst genommen. Das war doch wirklich und erkennbar nur ein Scherz des Vaters gewesen!

Jetzt stand uns die Welt offen, um zu reisen. Es mangelte nur am nötigen Kleingeld. Aber es ließ sich so manches organisieren, beispielsweise eine Reise im Rahmen der Völkerversöhnung nach Frankreich, oder wir fuhren auf eigene Faust mit wenig Geld auf Motorrädern nach Spanien. Zum „Hamstern" fuhr man nach wie vor, weil die Lebensmittel immer noch auf viel zu niedrigem Niveau rationiert waren.

Frühe Nachkriegszeit

3 Episoden 1946 bis 1953

1946

Eine zugige Hamsterfahrt

Schon zu Beginn des Jahres hatte meine Mutter ein schmerzhaftes Furunkel an der Nase bekommen. Kurz darauf bildete sich auch eine Entzündung im Nacken. "A Oaß ko' narrisch weh doa", hatte die etwas derbe Nachbarin vom Haus gegenüber festgestellt, "mei Mo hot oans am Orsch g'habt." Die Mutter ging zur Nachfolgerin unseres tüchtigen Hausarztes, der leider als Parteigenosse der Entnazifizierung zum Opfer gefallen war. Die sagte: "Kein Wunder, sie sind akut unterernährt, das sind Hungerödeme". Daraufhin hatte die Mutter eine Sonderzuteilung bekommen auf der Lebensmittelkarte, leider nur für eine Zuteilungsperiode. Jetzt hatte sie aber wieder ein Furunkel bekommen, diesmal am Mittelfinger der

rechten Hand. Nach zwei mißglückten Operationen blieb der Finger für immer steif.
Um diese Zeit kam Post von einer bäuerlichen Verwandten aus der Gegend von Mindelheim. Sie schrieb, in zwei Wochen sei Schlachtfest, die Cousine möge kommen, Fleisch und Wurst seien abholbereit. "Ich kann ja nicht weg mit meinem Finger", sagte die Mutter. Sie ging aufs Postamt, um nach Oberkammlach zu telefonieren. Da war der Hof der Cousine. Zum Glück war die Poststelle direkt neben dem Hof, so daß man eine Herbeiholung machen konnte. "Ich hab' ausgemacht, daß du die Sachen abholst, mit der Eisenbahn", sagte sie. "Der Bauer kommt dir bis Buchloe entgegen. Da trefft ihr euch, und er gibt dir das Fleisch. Ist das nicht nett?"
Zwei Wochen später stieg ich mit einem Mords-Rucksack auf dem Rücken in den Zug von Weilheim nach Geltendorf. Dort wechselte ich in die überfüllte Bahn Richtung Buchloe. Ich mußte mich auf der Plattform aufhalten, weil im Inneren nicht einmal ein Stehplatz frei war. Aber das war sowieso egal. Drinnen zog es nämlich genauso wie draußen, weil die Fensterscheiben der Waggons zersprungen waren oder auch ganz fehlten. In Buchloe stieg ich aus. Nach einiger Zeit kam der Gegenzug. Zu meiner Erleichterung stieg tatsächlich der Bauer mit einem prall gefüllten Sack aus einem der Waggons. "Komm, mir ganget hinter's Bahnhofsgebäude", sagte er. "Da isch die Wurst und das Fleisch. Eier sind au dabei. Paß auf, daß d' se ned verdruckescht". Dann half er beim Umpacken. Wir redeten noch lange, bis endlich nach mehr als einer Stunde der

nächste Zug einfuhr. Der war total überfüllt. "Sag' Grüße an dei Muetter", rief mir der Bauer nach, dann setzte sich die Lokomotive schnaufend in Bewegung. Ich kam wieder nicht in das Innere eines Wagens. Nicht einmal auf der Plattform gab es diesmal genug Platz. Also stellte ich mich auf den Puffer zwischen zwei Waggons. Da konnte man recht gut stehen. Mit meinen dreizehn Jahren gefiel mir diese abenteuerliche Art zu Reisen. "Um Gottes Willen, das war doch gefährlich", sagte die Mutter, als ich nach der Rückkunft meine Erlebnisse schilderte. "Aber vielleicht war es auch ein Glück, daß der Zug so voll war. Da können sie nicht so gut kontrollieren!"

1951

Ausgeplündert in Paris
Aber eine Deutsche Mark hatte ich noch

In den letzten Schulferien vor dem Abitur wollte ich zusammen mit einem Klassenkameraden etwas ganz besonderes erleben – eine Auslandsreise, nicht privat, das konnten wir uns zu dieser Zeit nicht leisten, aber organisiert. Der Bayerische Jugendring hatte zusammen mit dem Jugendherbergswerk „im Zeichen der Völkerverständigung und der Aussöhnung", wie es hieß, den Wiederaufbau einer im Krieg zerstörten Jugendherberge in Szene gesetzt. Jugendliche aller Nationen sollten sich bei dieser friedlichen Aufbauarbeit kennenlernen. Die zwei Wochen ungewohnter Arbeit als Bauhelfer waren zu

Ende, neue Freundschaften waren entstanden, es hatte auch Anfeindungen gegeben, unsere Weltsicht hatte sich erweitert. Nun wollte ich nach dem offiziellen Teil dieses ersten Auslandsaufenthalts nach dem Krieg noch eine private Woche in Paris dranhängen.

Zusammen mit einigen anderen Jungen fuhr ich mit der Eisenbahn in die französische Metropole. Ich stellte mit Erstaunen fest, daß keinerlei Kriegsschäden zu sehen waren. Im Gegensatz zu München gab es keine Ruinen und keine Schuttberge. Paris war weitgehend unzerstört. Einer der Jungen, ein Schweizer, wußte auch warum. „Da hat's einen deutschen Befehlshaber gehabt, den General von Choltitz. Der hat Paris gerettet. Entgegen einem Befehl vom Hitler hat er die Stadt nicht verteidigt". „Und bombardiert wurden sie auch nicht von den Engländern und den Amis, wie die deutschen Städte", ergänzte ich.

Nach einem ersten Stadtrundgang suchten wir das vom Jugendring zugewiesene Zeltlager auf. Das war ausgebucht, wir wurden zu einer anderen Herberge im Stadtteil Malakoff geschickt.. Die war ebenfalls voll. „Typisch französische Schlamperei", schimpften wir etwas voreilig. Dann gab es nämlich doch noch freie Plätze in einer nahegelegenen Turnhalle, wo wir endlich erschöpft unsere Feldbetten beziehen konnten. Tags darauf buchten wir eine Busfahrt nach Versailles, zum Schloß des Sonnenkönigs. Dieser Ausflug belastete mein Budget schwer. Ich mußte ja haushalten mit meinem Taschengeld, denn in Paris würden noch etliche

Eintrittsgelder für den Louvre und andere Museen und Sehenswürdigkeiten anfallen. So dachte ich.
Es kam allerdings anders! Nach der Rückkunft aus Versailles waren wir nämlich noch durch das nächtliche Paris gebummelt. Kurz nach Mitternacht erreichten wir eine einsame Grünanlage in einem gepflegten Park. Hundemüde, wie wir waren, faßten wir den Entschluß, hier zu bleiben und statt in unserer Turnhalle auf den Parkbänken zu schlafen. Gegen fünf Uhr früh erwachte ich und bemerkte mit Entsetzen, daß ich bestohlen worden war. Geldbörse, Armbanduhr und Brieftasche waren verschwunden. Den beiden anderen fehlte nichts. Nach intensiver Suche fanden wir Börse und Brieftasche in einem nahen Gebüsch. Das Geld fehlte, Reisepaß und Rückfahrkarte hatte der rücksichtsvolle Dieb neben der leeren Börse ins Gras geworfen.
Damit war der Traum von der Verlängerungswoche ausgeträumt. Dreieinhalbtausend Francs waren weg, ungefähr dreißig Mark, dazu fünfzehn Mark deutsches Geld. In meiner Jackentasche fanden sich noch zweihundert Francs und eine Deutsche Mark, das war meine ganze Barschaft. Das spontane Angebot des Schweizers, mir zweitausend Francs zu leihen, schlug ich aus. Das hätte die Reise zu sehr verteuert, das konnte ich der Mutter nicht zumuten. Am meisten schmerzte mich der Verlust der Uhr, hatte sie doch der Vater bis zu seinem Soldatentod getragen. Zur Polizei zu gehen, war sinnlos, das war klar. Wir fuhren zu unserer Turnhalle, wo es wenigstens Toiletten gab und eine Waschgelegenheit und was zu Essen für wenig Geld. Später fuhr ich

allein wieder zurück in die Innenstadt, denn ich hatte noch einen wichtigen Auftrag zu erledigen.

Die Mutter hatte mir aufgetragen, unbedingt eine französische Familie aufzusuchen, bei der mein Vater als Soldat im Krieg für einige Wochen untergebracht war. Sie hatten ihre deutsche Einquartierung damals ungemein gastfreundlich betreut. Die Hausfrau hatte meinem Vater sogar das Geld für ein Weihnachtsgeschenk vorgestreckt, weil sein Sold nicht ausgereicht hatte für das teure Stück, und sie hatte außerdem den schicken Mantel für die Mutter mit viel Lauferei auch selbst ausgesucht, weil der Vater von Mode nicht allzuviel verstand. Daß er wenig später in Rußland gefallen war, hatten sie vermutlich nie erfahren. Aber die Leute waren, wie ich von hifsbereiten Nachbarn erfuhr, für vier Wochen in Urlaub nach Südfrankreich gefahren. Damit war die Mission gescheitert. Enttäuscht schlenderte ich an der Seine entlang, setzte mich auf eine Bank am Ufer und sah wehmütig den Fischen zu, die sich in dem klaren Wasser gegen die Strömung stellten. Schade, daß ich so verfrüht wieder abreisen mußte!

Die drei Nächte in der tristen Turnhalle kosteten achtzig Francs, das war preiswert, aber dennoch viel für einen armen Schlucker. Tags darauf fuhr ich zum Bahnhof, kaufte vom letzten Kleingeld noch ein belegtes Brötchen und bestieg dann den Zug, der pünktlich um acht Uhr abends abfuhr.

Die einzige D-Mark, die mir nach dem Diebstahl noch geblieben war, gab mir ein gewisses Gefühl der Sicherheit. Ganz abgebrannt war ich eben doch noch nicht! Aber dann konnte ich das gute Stück trotz eifrigen Suchens in sämtlichen Taschen und auch im Koffer nicht wiederfinden. Gleichwohl beschloß ich, in Stuttgart auszusteigen. Ich wollte eine befreundete Familie besuchen, die vor kurzem von Weilheim in die württembergische Hauptstadt umgezogen war. Vielleicht konnte ich da übernachten, dann bräuchte ich nicht gar so früh und unprogrammgemäß zurück nach Hause. Meinen Koffer gab ich bei der Gepäckaufbewahrung ab, nahm damit allerdings das Risiko in Kauf, ihn nicht mehr auslösen zu können, sollte ich die Familie nicht finden, denn ich wußte ihre Adresse nicht. Hilfesuchend wandte ich mich an einen Polizisten. Der verwies mich an ein Reisebüro, und die schickten mich zuständigkeitshalber weiter zum Einwohneramt. Dort erfuhr ich, eine Wohnsitzauskunft koste fünfzig Pfennig Bearbeitungsgebühr. Ich offenbarte dem Beamten, daß ich diesen Betrag nicht aufbringen könne. Der Mann sah mich zunächst etwas ungläubig an. Als ich ihm aber den Grund für meinen finanziellen Engpaß schilderte, holte er in einem Anflug von Mitleid seinen Chef herbei. Der hörte sich die ganze Geschichte leicht schmunzelnd an und entschied dann, die Auskunft könne in diesem besonderen Fall ausnahmsweise gebührenfrei erteilt werden.

Arm, wie ich nun einmal war, konnte ich nicht einmal mit der Straßenbahn fahren. Der Weg nach Bad Cannstatt war sehr weit und sehr ermüdend. Zu meiner Erleichterung fand ich dann aber tatsächlich unter der angegebenen Adresse eine Wohnung mit entsprechendem Namensschild an der Tür. Die alte Großmutter und ihre beiden Enkelinnen waren zu

Hause. Gastfreundlich ließen sie mich ein und ich bekam auch gleich ein gutes Mittagessen serviert. Die berufstätigen Eltern wurden telefonisch informiert. Zweimal durfte ich übernachten. Der Hausherr borgte mir fünfzehn Mark für die Heimfahrt und für kleinere Eventualitäten. Abends löste ich meinen Koffer am Bahnhof aus, dann mußte ich haarklein alle meine Erlebnisse erzählen. Am nächsten Tag spendierten sie sogar einen Besuch der Bundesgartenschau. Nach einem kräftigen Mittagessen verabschiedete ich mich und bestieg die Trambahn zum Stuttgarter Hauptbahnhof. Meine erste große Auslandsreise war einigermaßen glimpflich zu Ende gegangen. Der Verbleib meiner letzten D-Mark allerdings wird für immer ein ungelöstes Rätsel bleiben.

1953

Unfallprotokoll auf Spanisch
Ein Verkehrsdelikt und wie man Schlimmeres vermeidet

Es war wie in einem Alptraum. Da saß ich nun allein in einem karg möblierten Warteraum im ersten Stock eines Bürogebäudes in einer trostlosen südspanischen Kleinstadt und wußte nicht, würde die Polizei mich verhaften oder mindestens bis zu einer wer weiß nach wie viel Tagen oder gar Wochen stattfindenden Gerichtsverhandlung festhalten. Eine Katastrophe! Unsere Reisepläne – sechs Wochen

Spanienrundfahrt mit dem Zelt in den ersten Semesterferien des Studiums, zu dritt auf zwei Motorrädern - wären vereitelt. Ich in Polizeigewahrsam, Herbert und Hermann, die beiden Freunde, mit nur einem Führerschein, aber zwei Motorrädern nicht fähig, nach Deutschland zurückzufahren oder die Reise fortzusetzen! Die warteten inzwischen weit draußen an der Stadtgrenze auf mich. Sie konnten noch gar nichts von meinen Schwierigkeiten wissen und machten sich bestimmt Sorgen wegen meines langen Ausbleibens. Ich hatte zwar einen Uniformierten von der Guardia Civil gebeten, ihnen Bescheid zu sagen und sie herbeizuholen, aber noch waren sie nicht hier. Irgend etwas mußte ich unternehmen, um aus meiner verzweifelten Lage herauszukommen! Einen Rechtsanwalt nehmen? In einem fremden Land ohne ausreichende Sprachkenntnisse schien das aussichtslos, und die sparsam bemessene Reisekasse hätte dafür ohnehin nicht ausgereicht. Ein deutsches Konsulat um Beistand bitten? Das gab es vermutlich nur in den großen Städten. Dann aber - plötzlich wie aus dem Nichts - kam mir ein Gedankenblitz, eine Idee, vielleicht die Lösung! Ein großes Risiko, aber im Erfolgsfall der entscheidende Ausweg! Hoffentlich!

Was war denn überhaupt geschehen? Wir waren nach einem Aufenthalt bei einer befreundeten Familie in Barcelona immer an der Küste entlang gefahren und über Tarragona und Valencia in Cullera gelandet. Dort hatten uns Einheimische eingeladen, wir hatten an einer eigens für uns arrangierten Fiesta teilgenommen und nach dieser

Unterbrechung waren wir immer weiter nach Süden gefahren. Es gab zu dieser Zeit so gut wie keinen Fremdenverkehr in diesen ländlichen Gegenden, die Straßen waren vielfach nicht geteert, nachts mußte man plötzlich auftauchende unbeleuchtete Lastkraftwagen fürchten. Das größte Problem aber war der Mangel an Tankstellen. Wir lebten dauernd in der Sorge, der Sprit könne zur Neige gehen. Deshalb waren wir sogar dazu übergegangen, bei Gefällstrecken den Motor auszuschalten und das Kraftrad im Leerlauf den Berg hinunterrollen zu lassen. Kurz vor einer Stadt unweit der Küste war es wieder einmal so weit. Wir hielten an. „Wie schaut's aus mit Benzin?" „Schlecht, wir müssen eine Tankstelle suchen!" Am Ortseingang von Redovan, so hieß das Städtchen, fragten wir einen Passanten um Rat, und der erklärte sich spontan bereit, mir eine Tankstelle zu zeigen, zwar eine militärische, aber das ließe sich bestimmt arrangieren, mit einer kleinen Geldspende, wie er augenzwinkernd hinzufügte. Mein Sozius stieg ab, der freundliche Helfer nahm seinen Platz ein und wir fuhren ans andere Ende der Stadt, wo ich auf einem Militärgelände anstandslos gegen eine geringe zusätzliche Gebühr den Tank meiner Horex Regina füllen konnte. Auch die zweite Maschine könne in Kürze betankt werden, sagten die in Zivil gekleideten Tankwarte. Eine BMW sei ihnen besonders willkommen.

Am Rückweg geschah dann das Malheur. Ich wollte einen Radfahrer überholen, der aber bog während des Überholvorgangs ganz plötzlich nach links ab. Es kam zum Zusammenstoß. Der Radler stürzte, ich konnte die Maschine nicht mehr halten, stürzte ebenfalls. Ich sah, wie aus meiner seitlich angebrachten Packtasche allerlei Gegenstände auf die Straße fielen, darunter eine Rolle Toilettenpapier, das sich gemächlich über die ganze Fahrbahnbreite entrollte. Mir selbst war nichts passiert. Der Radler hatte Schürfwunden am Knie, mein Sozius an einem Handballen. Das Fahrrad war unversehrt, mein Motorrad etwas lädiert. Ein paar Leute liefen zusammen und diskutierten. Ein junger Mensch tanzte dauernd um mich herum und schrie immer wieder auf Deutsch: „Da haben Sie aber Lust gehabt, da haben Sie aber Lust gehabt!" Er hieß Silberstein, wie er mir ungefragt erklärte. Nach einiger Zeit erschien ein Beamter von der Guardia Civil, kenntlich an der Uniform mit der typischen hinten aufgebogenen Helmkrempe. Der erklärte mir, die Schuld an dem Unfall liege eindeutig bei mir. Meine Sprachkenntnisse reichten nicht ganz aus, um ihn zu verstehen, aber Silberstein betätigte sich zum Glück sofort als Dolmetscher. Ich erfuhr, daß ich bei dem Überholvorgang hätte hupen müssen. Das habe ich unterlassen, ich sei deshalb der Schuldige, und ich müsse mit auf die Polizeiwache kommen. Die beiden Geschädigten sollten ebenfalls mitkommen zur Vernehmung. Das Motorrad werde in der Nähe des Polizeibüros in einer Werkstatt deponiert.

Auf der Wache wurden die Beteiligten getrennt vernommen. Nach bangem Warten kam ich an die Reihe. In dem geräumigen Amtszimmer saß hinter einem großen Schreibtisch ein Uniformierter, für mich an seinen Rangabzeichen unschwer als höhere

Charge zu erkennen. „El comisario", so hatte ihn der mich begleitende Polizist vorgestellt. Er fragte mich nach meiner Version des Unfallhergangs. Da Silberstein nicht dabei war, tat ich mich etwas schwer mit meiner Aussage, aber der Kommissar erweckte den Eindruck, als verstünde er mich, machte sich ein paar Notizen und bedeutete mir dann, ich solle draußen warten. Dann wurde noch Silberstein zur Vernehmung geholt, wohl als Zeuge. Als er wieder herauskam, erzählte er mir, es werde eine Gerichtsverhandlung wegen Körperverletzung geben.

Nun saß ich also in dem tristen Vorraum und wartete darauf, daß der Comisario mich wieder rufen lassen und mir seine Entscheidung mitteilen würde. Ich aber hatte mich entschieden. Der Gedankenblitz! Die Idee! Die Lösung! Risiko hin oder her! Der Kommissar hatte ja noch gar nicht meine Papiere verlangt! Das würde er bestimmt nachholen bei dem zweiten Gespräch. Oder, wenn er es nicht tat, dann würde ich ihm den Reisepaß einfach hinlegen. Und in den Paß wollte ich einen Geldbetrag legen – eine Bestechungssumme! Die waren doch alle bestechlich in den südlichen Ländern, das konnte man doch immer wieder lesen – in der Presse und auch in vielen Reiseberichten. Wieviel war angebracht, wieviel mit meinem Reisebudget verträglich? Ich legte zwei Hundert-Peseten-Scheine in das Dokument, das waren etwa zwanzig Deutsche Mark, ein hoher Betrag in der damaligen Zeit. Dann wurde ich aufgerufen. Ich trat ein, setzte mich nach Aufforderung durch den Kommissar. Der sagte: „El pasaporte, por favor". Ich legte den Paß direkt vor ihm auf die Schreibtischplatte. Mein Herz schlug bis zum Halse vor Aufregung. Ich war ja erst zwanzig Jahre alt und dies war mein allererster Bestechungsversuch! Was, wenn alles nur noch schlimmer wurde? Was, wenn der Kommissar einen Wutanfall bekam, wenn er mich wegen Bestechung verhaften ließ oder unter Anklage stellte? Ich hielt den Atem an. Der Beamte aber nahm den Paß, blätterte ihn auf, öffnete die Schreibtischschublade, beförderte wie beiläufig mit einer sanften Bewegung zweier Finger die Scheine in die Schublade, schloß diese wieder, blätterte ein wenig in dem Dokument, gab es mir zurück und bedeutete mir, ich könne wieder nach draußen gehen. Mir fiel ein Stein vom Herzen. Gewonnen, dachte ich, jetzt ist alles gewonnen! Draußen mußte ich dann allerdings über eine halbe Stunde warten. Inzwischen waren auch die beiden Freunde gekommen, denen ich die Geschehnisse in kurzen Worten schilderte. Dann wurde ein Polizist in das Zimmer des Kommissars gerufen, und als der wieder herauskam, erklärte er, wir könnten gehen, der Fall sei abgeschlossen.

Die Werkstatt, in der meine Horex abgestellt worden war, brachte am nächsten Tag die wenigen beschädigten Teile wieder in Ordnung. Sie bastelten einen provisorischen Zündschlüssel, denn der alte war abgebrochen, sie ersetzten nach Hinzuziehung eines Glasers die zersprungene gewölbte Glasscheibe des Scheinwerfers durch eine neue, wenn auch flache, sie richteten die etwas verbogene vordere Radgabel wieder gerade und ersetzten einen abgerissenen Bowdenzug. Wir konnten unsere Fahrt fortsetzen – ich allerdings um die Reparaturkosten sowie um zwanzig Mark Bestechungsgeld ärmer, dafür aber auch um eine aufregende Erfahrung reicher.

Schulzeit und Studium waren vorbei. Ich war berufstätig, Dienstreisen waren angesagt. Ein Vertragshotel im benachbarten Tirol bot preiswerten Urlaub. Außerdem lockte Spanien, wohin wir mit der Eisenbahn fuhren ohne Plan, einfach ins Blaue hinein. Das wäre heute gar nicht mehr möglich! Außereuropäische Ziele gab es auch schon: Ägypten stand auf der Wunschliste - und Israel.

Wirtschaftswunderzeit

5 Episoden 1963 bis 1988

1963

Ein Kavalier alter Schule

Rolf Engel war der Chef des Referats Trägerraketen bei der Firma Bölkow-Entwicklungen KG. Er war ein Pionier der Raketentechnik, hatte schon in der Weimarer Republik Raketentriebwerke entwickelt und war im Krieg mit Wernher von Braun in Peenemünde und an der Forschungsanstalt für Düsenantriebe maßgebend an den damaligen

Raketenprojekten beteiligt. Nach dem Krieg war er nach Rom gegangen, wo er bei der Firma Bombrini-Parodi-Delfino erneut Raketentriebwerke technisch voran brachte. Diese Kontakte wollte er jetzt wieder aktivieren, und ich war als sein „Spezialist für elektronische Rechenmethoden" mit dabei. Dienstreisen sind meistens recht anstrengend, weil ergebnisorientiert und unter Erfolgsdruck. Deshalb gibt es kaum Chancen für privates, etwa eine Stadtbesichtigung oder gar ein ganzes Kulturprogramm. Diesmal sollte das aber anders sein! Ich wollte nämlich meine Verlobte mitnehmen. Ich fragte Rolf Engel, ob das möglich sei. Er meinte in seiner charmanten Art: „Nimm sie ruhig mit, ich freue mich schon darauf, die junge Dame kennenzulernen!" Also fuhren wir mit meinem Privat-PKW in die Ewige Stadt und stiegen auch in einem privaten Quartier ab. So konnte Irma, während ich an den dienstlichen Besprechungen teilnahm, in aller Ruhe die Stadt mit ihren Sehenswürdigkeiten erkunden.

Rolf Engel wollte Irma aber anscheinend wirklich kennenlernen. An einem freien Abend lud er uns in eines der vielen Straßencafès an der Via Veneto ein. Es zeigte sich, daß er in Rom offenbar sehr bekannt war. Unablässig grüßten ihn irgendwelche Leute, mit vielen redete er wie mit alten Bekannten, auf italienisch oder auch französisch, wie es sich gerade traf. Er hatte seine Gitarre mitgebracht, und jetzt spielte er vor dem Cafè und sang mit seiner kräftigen Tenorstimme ein italienisches Lied dazu. Es sei „ein Ständchen für die Signora", sagte er, ein Liebeslied, und Irma nahm den galanten Gruß dankbar entgegen. Engel aber war nun erst so richtig in seinem Element. Wie ein geübter Alleinunterhalter sang und spielte er eine Melodie nach der anderen, so daß die späten Flaneure auf der Straße stehen blieben und Beifall spendeten. Dann fragte er Irma, ob sie eine Kutschfahrt durch Rom machen wolle, und als sie bejahte, winkte er eine der vorbeifahrenden Pferdedroschken herbei, wir stiegen ein, und während wir unter Peitschenknall durch die nächtlichen Straßen fuhren, sang und spielte der sonst eher nüchtern agierende erfolgreiche Industriemanager wie ein lustiger Troubadour, so daß auch während dieser Fahrt die Menschen auf der Straße uns heiter zuwinkten und klatschten. Wieder zurück in der Via Veneto, es war inzwischen Mitternacht geworden, fragte er Irma: „Möchtest du gerne ein Eis?". Als sie bejahte, schlüpfte er durch eine Hintertüre in die eigentlich bereits geschlossene Eisdiele. „Ob er das noch schafft?", war mein Gedanke. Aber nach kurzer Zeit war er wieder da, mit einer großen Waffeltüte voll gemischtem Eis, das er der „Signorina" mit der Geste eines Grandseigneurs überreichte. Damit hatte dieser Abend mit Rolf Engel, dem Pionier der Raketentechnik, aber auch dem unvergleichlichen Charmeur und Kavalier alter Schule, ein Ende gefunden.

Nach Abschluß der dienstlichen Mission sagte Engel: „Du könntest in deinem Wagen ein paar Unterlagen mitnehmen. Aber laß' dich nicht erwischen an der Grenze, es sind Sachen dabei, die zwar Ergebnisse meiner Arbeit sind, die aber eigentlich der Firma Bombrind gehören, denn für

die habe ich ja die Triebwerke entwickelt. Wenn jemand dumme Fragen stellt, sag' einfach, es sind Arbeitsunterlagen". Dann brachte er einen Ordner nach dem anderen daher, ich konnte sie kaum unterbringen im Kofferraum. „Und die Gitarre nimmst du auch noch mit", sagte er zum Schluß und legte das Instrument oben drauf. Das viele Papier war so schwer, daß die Hinterachse meines Mercedes X-Beinen glich und steile Bergstrecken nur noch im kleinen Gang und mit Vollgas zu schaffen waren. Die Italienischen Zöllner fragten beim Grenzübertritt tatsächlich nach den Dokumenten, gaben sich aber mit meiner Antwort zufrieden. Ein schlechtes Gewissen hatte ich bei meinem illegalen Schmuggelgeschäft mit geheimen italienischen Raketenunterlagen übrigens nicht. Wir hatten doch eine Aufholjagd zu gewinnen im Flugzeug- und Raketenbau, nach zehn Jahren Betätigungsverbot durch die Siegermächte!
Es war eine schöne Dienstreise, besonders für Irma, dank Rolf Engel, dem Kavalier alter Schule!

1968

Immer diese Grenzkontrollen

„Die einen haben graugrüne Mützen auf und die anderen grüngraue", schimpfte ich. „Da stehen sie in idiotischen Uniformen an lächerlichen Zäunen und Absperrungen herum, die völlig willkürlich durch die Landschaft verlaufen, haben Schlagbäume errichtet und belästigen anständige Bürger mit überflüssigen Grenzkontrollen". „Du wirst es nicht ändern", war Irmas Antwort, „also reg' dich nicht auf, machen kannst du sowieso nichts dagegen!" „Leider hast du ja recht", sagte ich und fuhr rechts heran zu dem einweisenden österreichischen Zollbeamten an der Grenzstation Kufstein. Der unterzog unsere Reisepässe einer aufreizend umständlichen Kontrolle und fragte dann, ob wir etwas zu verzollen hätten. Ich verneinte mit einer, wie ich glaubte, total entspannten Unschuldsmiene. Darauf der Zöllner mit barscher Stimme: „Machen sie einmal ihren Kofferraum auf!" „Wenn er jetzt die Sachen findet, wird's teuer", dachte ich, stieg aus und öffnete den Kofferraumdeckel. Zu sehen waren allerdings nur unsere beiden Rucksäcke und zwei Eispickel, denn „die Sachen", die mir Sorgen bereiteten, hatte ich weiter hinten verstaut. „Ach, Bergsteiger", sagte der Zollbeamte, „haben sie große Touren vor?" „Nur in die Wildschönbau, aufs Sonnwendjoch und auf die Gratspitz", antwortete ich, „als Training zum Einlaufen, vor es im August in die Zullertaler geht". „Na, dann Bergheil", sagte der Uniformierte und schlug den Deckel des Kofferraums gleich selber wieder zu, „und gute Fahrt!" „Danke", sagte ich, „und auf Wiedersehen".

Als ich wieder im Wagen saß und die Grenzstation verließ, brachte ich nur ein kurzes „wieder einmal Glück gehabt" hervor.

Es war keine Hehlerware, die ich da so erfolgreich an dem wachsamen Auge des österreichischen Fiskus vorbei über die Grenze geschmuggelt hatte, es waren keine harten Drogen oder Kriegswaffen,

keine Akten mit Staatsgeheimnissen, es war nicht einmal unversteuertes Schwarzgeld! Nein, es waren lediglich zwei Haushaltsgeräte Marke Siemens, ein Dampfbügeleisen und ein Staubsauger. Die konnte ich als Angehöriger der Firma Bölkow GmbH zu konkurrenzlos günstigen Sonderpreisen bekommen, und diesen Vorteil wollte ich nun an zwei Freunde in Tirol weitergeben.
Ludwig Bölkow, unser Firmenchef, hatte in der Wildschönau ein Ferienhotel für Betriebsangehörige unter Vertrag genommen, den Bernauer Hof. Dort hatten wir im Jahr zuvor eine Urlaubswoche verbracht, und dort hatten wir der „Nanni", der Wirtschafterin und Hausdame im Hotel, das heißbegehrte Dampfbügeleisen zum supergünstigen Sonderpreis versprochen. Über den Staubsauger freute sich eine Familie mit neun Kindern im Dorf Auffach, etwas unterhalb des Bernauer Hofs.
Aber auch in der Gegenrichtung gab es penible Kontrollen an den Grenzen. Wir hatten auch da manchmal etwas dabei, was eigentlich hätte verzollt werden müssen. Etwa ein paar Flaschen hochprozentigen Inländer-Rum Marke Julius Meindl. Es gelang uns aber auch da, die vom Preis her lächerlich geringe, aber eben doch „heiße" Ware erfolgreich am Zoll vorbei zu lancieren!
Einmal aber kamen wir sogar ganz unkontrolliert über die Grenze. Der Wirt vom Bernauer Hof hatte uns eine kulinarische Spezialität aus der Region besorgt, eine besonders schmackhafte Käsesorte, den „Graukaas". Der war wirklich „sauguat", strömte aber einen ungemein intensiven Geruch aus, der sich in geschlossenen Räumen zu einem

bestialischen Gestank verdichten konnte. Von diesem Käse hatten wir zwei Pfund am Rücksitz unseres Wagens deponiert. Es regnete, die Heizung war in Betrieb, die Fenster waren geschlossen, der Graukaas konnte seine geruchliche Wirkung voll entfalten. Wir bemerkten durch den schleichenden Gewöhnungseffekt während der Fahrt nichts davon. Als uns aber der deutsche Grenzbeamte zwecks Ausweiskontrolle heranwinkte und ich das Fenster öffnete, muß den Bedauernswerten die üble Gestankswolke voll erwischt haben. Er vollführte jedenfalls einen ballettreifen Schritt nach hinten und bedeutete uns sodann sichtlich angewidert, wir könnten weiterfahren. Eine Kontrolle fand nicht mehr statt. Ob er wußte, dass es Käse war, oder ob er uns selber für die unappetitlichen Verursacher der Ausdünstungen hielt, das zu erfahren war uns leider nicht vergönnt.

1974

Das Nachtlager in Granada

Spät in der Nacht fuhr uns ein Taxifahrer durch schmale Straßen zu einem uns unbekannten Ziel. Er hatte die Pracht-Avenidas von Granada hinter sich gelassen und wollte uns nach eigener Angabe zu einer – der angeblich einzigen - Unterkunft bringen, die in der völlig überfüllten Provinzhauptstadt noch ein freies Zimmer anbot. An einem kleinen Platz, vor einem Gebäude mit schäbiger Fassade hielt er

an. „Huéspedes Muñoz, señor", sagte er. Wir klingelten an der Pforte, ein alter Mann erschien. Ja, sagte er, ein freies Zimmer sei noch da, das letzte allerdings. Wir könnten gleich einziehen. Der Taxler brachte die Koffer, wir entlohnten ihn und folgten dann hoffnungsvoll dem Alten. Das Zimmer entpuppte sich als winzige Kammer. „Um Gottes Willen", entfuhr es Irma. „Schau' dir den Schmutz an!" Der Boden war wohl schon lange Zeit nicht mehr saubergemacht worden, die Möbel waren verstaubt, das einzige Fenster hinter einem Vorhang verborgen, den wir lieber nicht anfaßten, um Staubwolken zu vermeiden. „Die Betten, schau' dir bloß die Betten an", preßte meine Frau heraus, „die sind seit Wochen nicht gemacht worden". Was aber das schlimmste war: Die Kopfkissen waren total verschmutzt, am Leintuch waren Spuren von Kot und größere Blutflecken zu sehen. Es gab kein Bad, sondern nur ein winziges verdrecktes Waschbecken! Wir waren in einer unfaßbar schmutzigen und üblen Absteige gelandet, wie wir es so noch nie erlebt hatten auf unseren vielen Reisen. Aber wir hatten ja keine Wahl! Nun mußten wir schon hierbleiben, und zwar unglücklicherweise für zwei Nächte! In unserer Not zogen wir zum Schlafen unsere Bademäntel an, schützten das Gesicht mit einem Schal vor dem direkten Kontakt mit der gruseligen Bettwäsche, ja, und sogar Handschuhe trugen wir in jener Nacht in Granada, in der wir kein Auge zutaten! Wie aber waren wir in diese fatale Lage geraten?
Wir hatten eine Eisenbahnfahrt von und bis München gebucht. Mit dem „Rapido Talgo" ging es ab der spanischen Grenze in Richtung Madrid. Man

konnte den Zug verlassen, wann und wo man wollte, um am nächsten oder auch einem späteren Tag die Fahrt wieder fortzusetzen, mit dem nächsten fahrplanmäßigen „Rapido". Von dieser Möglichkeit hatten wir einige Male Gebrauch gemacht. Hotels oder sonstige Unterkünfte waren nicht im voraus gebucht, die suchten wir immer erst vor Ort, nach Auskunft der örtlichen Fremdenverkehrsämter oder freundlicher Taxifahrer. Das hatte bis Madrid auch immer gut geklappt. Jetzt aber waren wir spät abends am Bahnhof in Granada angekommen und mußten erfahren, daß es in der ganzen Stadt keine freien Hotelbetten mehr gab. „Todo occupado", sagte der Beamte am Informations-Schalter bedauernd nach einigen Telefonaten. Es war nämlich die „semana santa", die Karwoche, und die war für Granada von ganz besonderer Bedeutung, denn es gab riesige Umzüge und Prozessionen in mittelalterlichen Gewändern, mit frommen Kreuzträgern, mit herrlich geschmückten Reitergruppen und pferdebespannten Motivwägen und mit spitzhütigen klerikal gewandeten, teilweise auch vermummten Gestalten. Kurzum, es war ein großes, ernstes religiöses Fest, an dem die ganze Bevölkerung und viele fromme Pilger, aber auch Touristen als Mitwirkende oder Zuschauer teilnahmen.

Nach der ergebnislosen offiziellen Bettenrecherche hatten wir beschlossen, auf eigene Faust weiter zu suchen. Ein Taxifahrer, den wir fragten, hatte Kontakt mit seiner Zentrale aufgenommen, und dann hieß er uns einsteigen. Er habe eine Übernachtungsmöglichkeit für uns. Und das war dann die „Casa de Huéspedes Muñoz", der unappetitliche Schauplatz für unser „Nachtlager in Granada".

1976

Lehrgeld auf Ägyptisch
Von Kairo bis Abu Simbel

Es war unsere erste Reise in ein außereuropäisches Land. Entsprechend ahnungslos wurden wir mit der uns noch fremden Mentalität der Bevölkerung konfrontiert. Es begann gleich beim Transfer vom Flughafen zum Hotel in Kairo. Immer, wenn der altertümliche Bus verkehrsbedingt halten mußte, waren wir von einer bunten Menge aufdringlicher Fezträger umringt, die uns durch die offenen Fenster lautstark ihre Spezialitäten anboten. Das ging von Schuhwichse über bunte Tücher, gehäkelte Käppchen, Süßigkeiten, kleine geschnitzte Holzfigürchen, lederne Geldtäschchen in Kamelgestalt bis hin zu tönernen Nachbildungen der Pyramiden. „Da kaufen wir nichts", sagte Irma. „Das ist doch alles minderwertiges Zeug." Aber als bei nächster Gelegenheit ein besonders lauter und aufdringlicher Verkäufer eine Flasche Coca-Cola anbot, wollte ich, durstig wie ich war, zugreifen. Ägyptische Piaster hatte ich noch nicht eintauschen können, also gab ich dem Mann den verlangten niedrigen DM-Betrag in der Erwartung, daß er mir nun durch das heruntergelassene Busfenster die Cola-Flasche reichen würde. Aber das erwies sich als

Irrtum. Der Bursche wandte sich ab und verschwand in der Menge. „Das ist so hier", klärte mich die Reiseleiterin auf. „Das müssen sie noch lernen. Normalerweise wird auch bei kleineren Geschäften lange gefeilscht, aber dann geht alles Zug um Zug: Erst die Ware, dann das Geld. Sie haben leichtsinnigerweise erst das Geld gegeben, und sie sitzen in einem Bus, der gleich weiterfahren wird. Warum sollte ihnen der Händler da noch das Getränk überlassen? Es gab keinen Grund. Das Geld hatte er doch schon!"
Das war meine erste Lektion im Fach ägyptische Straßenhändler-Mentalität. Die zweite folgte gleich am nächsten Tag.
Wir hatten nach einer kleinen Stadtrundfahrt durch Kairo einen halben Tag zur freien Verfügung. Den nutzten wir für einen kleinen Bummel durch die engen Gassen in der Nähe unseres Hotels. In einem Markt aus Bretterbuden und Verkaufsständen sprach uns ein Händler an. Er hatte Tonskulpturen zu verkaufen, darunter eine sehr schöne Nachbildung der Sphinx, der monumentalen königsköpfigen Löwenfigur, die seit mehr als viertausend Jahren den Platz vor der Cheopspyramide beherrscht. Die Statue gefiel uns beiden ausnehmend gut. Ich nahm mir die gestrigen Worte der Reiseleiterin zu Herzen und handelte den Preis gehörig herunter, dann griff ich zu, in dem Bewußtsein, diesmal alles richtig gemacht zu haben. Abends im Hotel befreiten wir das Kunstwerk von seiner Zeitungspapier-Verpackung und erfreuten uns an dem Anblick. „Ein bißchen dreckig ist sie aber schon," sagte ich. „Ich glaube, wir sollten sie abwaschen." Wir gingen

ins Bad und wuschen die Sphinx. Es ging auch wirklich sehr viel Schmutz weg von der schönen Figur, je mehr ich wusch, um so mehr. Gerade als ich dachte, mehr Schmutz könne nun wirklich nicht mehr dran sein an dem guten Stück, ging unter dem Wasserstrahl erneut eine enorme Menge Sand und Dreck zum Ausguß hinaus, zum Schluß aber zerbröselte alles, die Figur löste sich auf und verschwand gurgelnd und auf Nimmerwiedersehen im Abflußrohr. Übrig blieb etwas gröberer Sand und ein paar Steinbrocken im Waschbecken. „Der Gauner hat uns sauber reingelegt," schimpfte meine Frau, „aber das passiert uns nicht noch einmal. Jetzt haben wir endgültig unser Lehrgeld bezahlt!"
Gegen derart gravierende Fehleinschätzungen waren wir im weiteren Verlauf der Reise tatsächlich gefeit! Wir absolvierten ja auch ein umfangreiches Kultur-Programm, und während der Besichtigungen der unglaublich gut erhaltenen Zeugnisse aus altägyptischer Zeit, die uns Rosmarie, unsere kundige Reiseleiterin, fundiert erklären konnte, waren wir ohnehin voll ausgelastet. Da war kein Platz für leichtfertigen Umgang mit Souvenirs.
Es gab allerdings andere Schwierigkeiten. Beispielsweise die Eisenbahnfahrt von Kairo nach Luxor! Die Waggons der ägyptischen Staatsbahn waren zwar annehmbar eingerichtet, mit bequemen gepolsterten Sitzen und einem doppelstöckigen Bett für die Nacht. Aber das nützte wenig, weil nämlich der Zustand des Schienenweges alles zunichte machte, was an Fahrkomfort möglich gewesen wäre. Das war ein Schütteln und ein Rütteln, daß an ruhigen Schlaf nicht zu denken war.. Zudem war der

Weg von unserem Waggon zu dem Speisewagen ganz vorne hinter der Lokomotive nicht ungefährlich. Man mußte nämlich bei der Wanderung durch den Zug immer wieder ins Freie. Die Plattformen zwischen den Waggons wiesen aber Lücken auf. Weil die Bodenplatten in den Kurven gegeneinander arbeiteten, mußten wir über die sich ständig verändernden Zwischenräume im richtigen Augenblick hinwegspringen, wobei ich Kommandos für meine Frau gab: „Jetzt springen," rief ich, und dann wagte sie den kleinen, aber problematischen Sprung. Am zweiten Tag der Bahnreise verzichteten wir deshalb wohlweislich auf diese gefährliche akrobatische Einlage auf dem Weg zum Speisewagen, zumal wir auch noch mitbekommen hatten, daß das Fleisch wie auch andere verderbliche Lebensmittel in einem Vorratswagen völlig unverpackt achtlos auf dem schmutzigen Boden lag. Zu allem Überfluß bekam Irma in der Nacht auch noch Flöhe! Wir hatten ja schon öfter auf Reisen Bekanntschaft mit Flöhen gemacht, aber das waren immer harmlose Tierflöhe gewesen, von streunenden Hunden beispielsweise. Diesesmal aber waren es Menschenflöhe! „Ich habe geglaubt, daß mich Wespen stechen," klagte meine Frau, „so schmerzhaft war das. Und schau nur, was ich für Quaddeln bekommen habe. Richtig rote, entzündete Einstiche sind das!" Zum Glück hatten wir eine große Dose Insektenspray dabei. Nach gründlicher Desinfektion unseres Abteils war die Bude dann in der folgenden Nacht schädlingsfrei! Wir waren im übrigen nicht die einzigen Flohgeschädigten in unserer Reisegruppe. Auch andere Mitreisende klagten über nächtliche Floh-Attacken!

Luxor, Karnak, Tal der Könige – danach ging es weiter nach Assuan, mit dem Raddampfer auf dem Nil. Unser Hotel, direkt am Nil gelegen mit Blick auf das jenseitige Ufer, wo hoch oben das Mausoleum Aga Khans die Landschaft beherrschte, machte einen soliden Eindruck Der relativierte sich schnell, als wir das geräumige und komfortabel eingerichtete Zimmer im zweiten Stock inspizierten. Die Toilette im Badezimmer war nämlich voll! Voll mit Exkrementen unserer Vormieter oder auch eines Menschen aus dem Hauspersonal, jedenfalls nicht gerade einladend. Ich telefonierte sofort mit der Rezeption und bat um Inaugenscheinnahme und Beseitigung. Das wurde umgehend zugesagt, aber niemand kam. Erneuter Anruf, wieder ohne Erfolg. Wutentbrannt ging ich nach unten, schilderte noch einmal die Misere und verlangte nach einem Reinigungsexperten. Da endlich reagierte der inzwischen herbeigerufene Hotelmanager und rief einen Helfer herbei. Es erschien ein hagerer, dümmlich dreinschauender Mensch in einem langen blauen Umhang mit einem gehäkelten Käppchen auf dam Wollhaar. Der Manager erklärte ihm, was zu tun sei. Im Lift wollte der Kerl noch ausländische Münzen gegen D-Mark tauschen, für mich kein Thema angesichts der Sauerei im Bad. Oben angekommen zeigte ich dem uninteressiert dreinschauenden Tolpatsch die volle Schüssel und legte ihm ausdrücklich ans Herz, er solle keineswegs auf die Spülung drücken, worauf der Trottel genau dieses tat! Die widerliche und übelriechende Brühe lief über und lag sodann als ekelerregender Belag auf dem Holzfußboden des Badezimmers. Sogar unseren Aufenthaltsraum hatte ein wenn auch kleiner Teil der Fäkaliensoße erreicht!

Ich war nicht nur wütend, ich explodierte förmlich! Man mag es als Rückfall in die Zeiten des Kolonialismus deuten, aber ich packte in meinem Ingrimm den Kaftanträger am Kragen und irgendwie am Hosenbund und beförderte ihn mit Schwung durch die offene Zimmertür hinaus. Er flog mit hinter ihm herwehendem blauem Umhang ins Treppenhaus, wo er zu Boden stürzte und unverletzt, aber total entgeistert eine Weile liegenblieb, bis er sich aufrappelte und unter Mitnahme seiner ebenfalls am Boden liegenden Kopfbedeckung nach unten entschwand. Der Hotelchef schickte nach meinem ausführlichen Bericht dann doch noch einen brauchbaren Menschen, der die Hinterlassenschaft seines idiotischen Vorgängers beseitigte und der für diese unappetitliche Arbeit dann selbstverständlich auch ein entsprechendes Bakschisch bekam.

Der Rest der Studienreise verlief dann ohne Probleme. In Assuan die Insel Elefantine mit dem Nilometer, der Nasser-Stausee, der Ramses-Tempel in Abu Simbel, und bei alledem keinerlei Zwischenfälle. Wir waren uns einig: So schön kann Reisen sein!

1978

Alarmstufe Rot in Tel Aviv

Es war schon ein besonderes Jahr, das wir für diese Israelreise gewählt hatten. Vor dreißig Jahren, zum Ende des britischen Mandats, hatten die Juden den Staat Israel ausgerufen. Wir erlebten ein Volk in Feierlaune. Aus aller Herren Länder waren Juden aus der Diaspora angereist, um mit den Israelis das Jubiläum zu feiern. Dieses patriotische Hochgefühl prägte die Stimmung in den großen Städten und erfaßte auch uns, die wir doch eigentlich nur eine Studienreise zu den altbekannten Zielen gebucht hatten. Meine Sorge allerdings war, ob die angrenzenden Arabischen Länder den verhaßten Staat im Jubiläumsjshr erneut angreifen würden, als Neuauflage des Yom Kipur-Krieges.
Das Hotel in Tel Aviv war ein Hochhaus. Das Zimmer im siebzehnten Stockwerk bot keinen Panoramablick, wir konnten lediglich das rege Treiben in der vor uns liegenden Geschäftsstraße beobachten.
Schon am Abend des zweiten Tages geschah es aber dann! Fliegeralarm!
Genau der gleiche an- und abschwellende Heulton, den ich aus dem zweiten Weltkrieg kannte und der mir jedesmal - auch heute noch - einen Schauder über den Rücken jagt, wurde ich doch bei einem solchen Alarm als elfjähriger einsamer Radfahrer zur Zielscheibe eines amerikanischen Tieffliegers. Die MG-Garben des Jagdbombers vom Typ Lockheed

P38 Lightning hatten mich damals nur deshalb um Haaresbreite verfehlt, weil ich rechtzeitig beim Herannahen des Flugzeugs in den Straßengraben gesprungen war. Man wußte ja, daß die Amis sogar einzelne Bauern von ihren Ochsenfuhrwerken schossen.

Wir sahen nach draußen. Suchscheinwerfer erhellten den Abendhimmel. Unten konnte man sehen, wie Fußgänger die Straße im Laufschritt verließen und in den Hauseingängen verschwanden. Autos fuhren zum Straßenrand, die Insassen sprangen heraus und suchten ebenfalls Schutz in den Häusern. „Geht jetzt der Krieg los?", fragte Irma angstvoll. „Keine Ahnung, so schnell geht das aber nicht, vielleicht ist es auch nur eine Art Voralarm, eine Vorsichtsmaßnahme," meinte ich. Jetzt ertönte die Lautsprecheranlage des Hotels. Alle Gäste wurden aufgefordert, so schnell wie möglich den Schutzraum im Keller des Gebäudes aufzusuchen. Man solle Ruhe bewahren, es gebe keinen Grund zur Panik! Wir fuhren mit dem Lift nach unten. In dem mit schweren druckfesten Stahltüren gesicherten Luftschutzkeller versammelten sich praktisch alle Bewohner des Hauses und auch diejenigen, die von außen hinzugekommen waren. Einige schauten sorgenvoll oder ängstlich drein. Das waren aber hauptsächlich die Hotelgäste. Die Einheimischen nahmen die Sache gelassen, ja sogar fröhlich hin. Sie erzählten, daß solche Alarme nichts seltenes waren. Um für den Ernstfall zu proben, gebe es öfter Luftschutzübungen. Man könne zwar nie genau wissen, ob es sich nicht doch um eine echte Gefahrensituation handele, aber wahrscheinlich sei auch dieser Alarm wieder einmal nur eine Übung. Und so war es dann auch. Erleichtert verließen wir nach der Entwarnung den Schutzraum und konnten nun in den kommenden Tagen ganz friedlich die schöne Stadt Tel Aviv erkunden.

Nun, schön ist Tel Aviv sicher nicht, verglichen mit einer faszinierenden und geschichtsträchtigen Altstadt wie Jerusalem, deren Geschichte das gesamte Schicksal des jüdischen Volkes widerspiegelt. Es ist eine schnell wachsende junge Stadt, mit eleganten Einkaufsstraßen, großen Hotelbauten an der Küste und einem wundervollen Strand. Uns lockten besonders die vielen Cafés und Restaurants in der Dizengoff-Street, wo man gemütlich sitzen und das pulsierende Leben beobachten, aber auch mit den Menschen dort in Kontakt kommen konnte.

So saßen wir an einem Nachmittag nach dem ominösen Fliegeralarm in einem gemütlichen Café in diesem breiten, links und rechts mit Bäumen gesäumten Prachtboulevard bei einer Portion Kaffee mit Sahne. Dazu gab es einen Klassiker der jüdischen Küche, nämlich Pfannkuchen, mit süßer Konfitüre gefüllt. Die hatten wir hier unter dem jiddischen Namen Blintzes erstmals kennen und schätzen gelernt. Nach kurzer Zeit sprach uns ein gutgekleideter Herr von einem Nachbartisch aus an. „Darf ich mich zu ihnen setzen?", fragte er und fuhr fort: „ich höre, daß sie aus Deutschland kommen, und ich finde es erfreulich, daß sie sich für Israel interessieren und unser Land besuchen." Dann erzählte er aus seinem Leben, und das war ungemein interessant. Gegen Deutsche hatte er offenbar nichts. Dafür schien er die Engländer aus ganzem Herzen zu hassen. Er hatte nämlich vor 1948 der jüdischen Untergrundbewegung angehört. Die Engländer hatten ihn aber verhaftet und zusammen mit anderen Kämpfern in der Zitadelle von Akko festgesetzt. „Wir haben uns aber nach kurzer Zeit aus dem Gefängnis herausgesprengt", erzählte er. Dann habe er weitergekämpft gegen die britischen Besatzer, die der jüdischen Staatsgründung im Wege gestanden hätten. Jetzt nannte er auch seinen Namen. Er hieß David Begin und war ein Cousin des früheren Untergrundkämpfers und jetzigen Ministerpräsidenten Menachim Begin.

Nach diesem Gespräch verschwand er für einige Zeit im Inneren des Cafés. Als er wiederkam, meinte er bedauernd: „Ich wollte sie eigentlich gerne zu uns nach Hause einladen. Nun habe ich mit meiner Frau telefoniert, aber sie will Deutsche nicht im Haus haben. Sie war nämlich während des Krieges in einem deutschen Konzentrationslager inhaftiert." Was sollten wir sagen? „Wir verstehen das und wir respektieren das selbstverständlich", war unsere Antwort, „aber grüßen sie ihre Frau trotz alledem ganz herzlich von uns!"

Im Herbst erreichte uns eine Glückwunschkarte von Herrn Begin. Es war eine Neujahrskarte, denn nach dem jüdischen Kalender feierte man in Israel das Neujahrsfest Rosh Hashanah im Oktober. Wir wollten gerne antworten. Natürlich auch mit einer Neujahrskarte. Die Schreibwarenhändlerin an unserem Wohnort allerdings schien zunächst an unserem Verstand zu zweifeln. „Eine Neujahrskarte? Jetzt im Oktober?" fragte sie zweifelnd. „Die habe ich jetzt im Keller. Aber wenn sie darauf bestehen, dann kann ich sie natürlich heraufholen." Nach entsprechender Erklärung der Zusammenhänge bekamen wir dann aber anstandslos eine passende Neujahrskarte. Und das ganz ohne für meschugge gehalten zu werden!

Jetzt wollten wir die Welt erobern! Afrika und Asien wollten wir kennenlernen. Aber es war Kalter Krieg. Ich als Geheimnisträger und Irma als meine Frau, wir konnten nur den westlichen Teil der Welt besuchen.

Zeit für Fernreisen

6 Episoden 1979 bis 1988

1979

Die lustigen Weiber von Gambia

Wir hatten uns für unsere erste Reise in ein schwarzafrikanisches Land bewußt für das kleine Gambia entschieden. Der ehemals unter britischem Protektorat stehende Staat mißt zwar in Ost-West-Richtung stolze 320 Kilometer. Dafür beträgt die durchschnittliche Breite nur 24 Kilometer. Gambia ist auf drei Seiten völlig vom früher französischen Senegal umschlossen. Die vierte Grenze bildet der Atlantische Ozean, wo der Gambiafluß in einem fast 50 Kilometer breiten Delta ins Meer mündet. Ausschlaggebend für die Wahl waren die Bilder gewesen, die wir in der Reisebeschreibung und in einschlägigen Zeitschriften gesehen hatten. Da sah man fröhlich lachende Menschen mit offenen Gesichtern. „Ich glaube, das sind nette Leute" sagte ich zu Irma, „da wird es uns gefallen. Wir buchen nur den Flug und das Hotel! Alles andere wird sich ergeben". Das erwies sich als ein gutes Konzept für dieses vom Tourismus noch kaum erschlossene Entwicklungsland, das jedoch über ein noch aus englischen Kolonialzeiten stammendes gut ausgebautes Straßennetz mit passablen Busverbindungen verfügte.

Wir kamen spät abends nach Einbruch der Dunkelheit mit dem Zubringerbus in der Ortschaft Bakau an, wo unser Strandhotel, bestehend aus einzelnen Bungalows, auf uns wartete. Die nächtliche Umgebung war in ein mildes Mondlicht getaucht, die Luft war angenehm kühl, und die ganze Landschaft war erfüllt vom Zirpen der Zikaden und von fernen Trommeltönen. „Hörst du die Trommeln?", fragte Irma. „Ich glaube, die feiern Feste in den Dörfern", mutmaßte ich. „Vielleicht senden sie auf diese Weise auch Nachrichten von Dorf zu Dorf".

An einem der nächsten Tage sagte ich etwas ratlos::
„Da muß es noch einen weiteren Stamm geben. Schau dir doch einmal den Burschen mit dem blauen Hemd und der weißen Hose an, den mit der weißen

Schiebermütze, vor dem Verkaufsstand mit den Masken. Hast du die Augen gesehen? Total gelb! Und solche gibt's sehr viele hier, fast mehr als die anderen vier Stämme!" Mit den anderen vier Stämmen waren die Haupt-Ethnien in Gambia gemeint, die Jola, die Wolof, die Fula und die Mandingo. Der Name Mandingo war für Europäer nicht leicht auszusprechen, weil nämlich der Buchstabe „d" in der Wortmitte eigentlich ein Schnalzlaut war. „Ja", erwiderte meine Frau, „ich habe das auch schon bemerkt. Sehr viele hier haben so gelbe Augen. Aber ob das ein eigener Stamm ist?" Was wir nicht wußten und was wir erst nach unserer Rückkunft nach Deutschland erfuhren, war, daß alle diese Menschen mit den gelben Augen einem frühen Tod geweiht waren. Sie litten nämlich an der Sichelzellenanämie, einer ererbten Form von Gelbsucht. Die war deshalb so verbreitet hier, weil sie mit einer erhöhten Resistenz gegen Malaria gekoppelt war. Die Leute bekamen keine Malaria. Ein gewaltiger Vorteil in dieser Region. Dafür starben sie zwar in jungen Jahren an ihrer ererbten Gelbsucht, aber erst, nachdem sie die tödliche Erblast an ihre Nachkommen weitergegeben hatten. Eine Teufelsspirale! Zum Glück wußten sie nichts von ihrem Unglück, und deshalb waren sie auch so fröhlich..

Eigentlich war ja alles, was wir in den zwei Wochen in dem kleinen westafrikanischen Land erlebten, nicht gebucht. Der Ausflug in den Südsenegal, die Überlandfahrten in überfüllten öffentlichen Bussen, vom Libyschen Machthaber Ghaddafi gestiftet, alles von uns selbst auf eigene Faust arrangiert. Obgleich

es in Gambia damals insgesamt nur sieben Touristenhotels gab, waren nur wenige Gäste da. Wir waren die einzigen, die den Mut aufbrachten, das Hotel ohne Begleitung zu verlassen, denn es kursierten fürchterliche Geschichten von Überfällen, Geiselnahmen und durchgeschnittenen Kehlen, die wir aber nicht sonderlich ernst nahmen.
Einige Erlebnisse stechen aus dem übrigen Geschehen heraus. Beispielsweise die Geschichte von den lustigen Frauen.
<u>Die lustigen Weiber von Gambia</u>
boten in einer ganzen Reihe von hölzernen Verkaufsbuden allerlei Waren zum Verkauf an. Was sie uns fröhlich und unter lautem Gelächter verklickern wollten, waren Hüte. Sie zogen eine regelrechte Schau ab mit den Kopfbedeckungen, die sie abwechselnd Irma und mir auf den Kopf setzten. Dabei betrachteten sie uns schelmisch und machten untereinander offenbar lustige Bemerkungen über unser Aussehen. Wir verstanden kein Wort, aber es war unschwer zu erkennen, daß sie sich ungemein über uns als unfreiwillige Models bei dieser improvisierten Modenschau lustig machten. Es war jedenfalls eine Mords-Gaudi, und wir machten fröhlich mit.
Wir wollten weiterhin nicht im Hotel versauern. Also besuchten wir
<u>Ein spannendes Ringkampf-Turnier</u>
zwischen gambischen und senegalesischen Wettkämpfern, das auf einem grob hergerichteten Sportplatz ganz in der Nähe ausgetragen wurde. Da waren wir zwar die einzigen Weißen unter lauter begeisterten einheimischen Zuschauern, um so

intensiver bekamen wir aber die fremdartigen Sitten und Gebräuche mit. Die Kämpfer führten vor jeder Begegnung Tänze auf mit Droh- und Imponier-Ritualen, beispielsweise vergruben sie symbolisch den zu besiegenden Gegner im Sand. Die Kämpfe selbst liefen dann fair und diszipliniert ab nach festen Regeln. War ein Gegner besiegt und lag mit beiden Schultern im Sandboden, wurde er ausgezählt und sein Überwinder zum Sieger erklärt Dann hefteten weibliche Verehrerinnen ein Sieggeld in Form der hiesigen Dalasi-Geldscheine an der spärlichen Bekleidung ihres Helden an.

Wert, erzählt zu werden, ist auch die Episode

<u>Vom Polizisten mit dem Phänomenalen Gedächtnis.</u>

In dem recht gepflegten Hotelgarten mit Pool, Frühstücksbereich, gemütlichen Sitzgruppen für einen Nachmittags-Kaffee und einem phantastischen Blick auf das Meer verkehrte auch ein schwarzer Polizist, der für die Sicherheit der Hotelgäste zuständig war.

Ob wir ihm sagen könnten, für welche Krankheiten die einzelnen Tabletten und Tropfen gut seien, fragte uns der Uniformierte und hielt uns einen großen Kunststoffbeutel voller Medikamente unter die Nase. „Na, der ist gut" sagte ich, „jetzt soll ich wohl die ganzen Beipackzettel studieren". „So ganz genau will er's ja gar nicht wissen". meinte Irma, „sag' ihm halt ungefähr, ob es für den Magen oder fürs Herz ist. Er kann sich's ja vermutlich doch nicht merken". „Er wird sich schon Notizen machen", ergänzte ich. „Ich finde es ja unverantwortlich von diesen jungen Ärzten, einem Einheimischen einfach kommentarlos einen Sack voller Medikamente zu geben!" Die Gruppe von fünf jungen deutschen Ärzten samt unsympathischem weiblichem Anhang war aber bereits abgereist und konnte deshalb auf ihr Fehlverhalten nicht mehr hingewiesen werden.

Ich nahm mir also jedes Medikament einzeln vor und erklärte dem Polizisten aufgrund der Verpackungsangaben, wofür es gedacht war. Er folgte zwar aufmerksam meinen englischen Erklärungen, schrieb aber zu meiner Überraschung nichts auf. Ob er sich denn keine Notizen machen wolle? Nein, sagte er, er könne sich das alles auch ohne Aufzeichnungen merken. Als ich ihn nach geraumer Zeit auf die Probe stellte und eine Stichprobe aus der stattlichen Anzahl bereits erklärter Medikamente abfragte, konnte er zu meiner Überraschung völlig fehlerfrei das Anwendungsgebiet des jeweiligen Medikaments nennen. Das Rätsel löste sich, nachdem uns der Polizist gastfreundlich in sein geräumiges Haus eingeladen hatte Da wollte er nämlich zum Schluß meine Adresse haben, weigerte sich aber beharrlich, diese zu notieren. Statt dessen sollte ich sie ihm auf einen entsprechenden Zettel schreiben. Jetzt wurde mir klar: „Er ist ein Analphabet, er kann nicht Lesen und Schreiben", sagte ich zu Irma, und sie antwortete: „Das ist die Erklärung für sein phänomenales Gedächtnis! Analphabeten müssen sich ja alles merken, was andere aufschreiben können!"

<u>Das vermeintliche Gästebuch.</u>

Am letzten Tag eines Urlaubs kommt häufig Wehmut auf. So ging es auch uns. An der Atlantikküste, am Mündungsdelta, wo der

Gambiafluß das offene Meer gewinnt, wollten wir einen letzten Blick auf den Ozean werfen. Da stand auch ein hübscher kleiner Pavillon, beinahe auf der Strandlinie. Er schien geradezu dafür geschaffen zu sein, uns in seinem Inneren Schutz vor einer leichten, aber ständig wehenden Brise zu bieten und uns so den grandiosen Anblick der Küstenlandschaft des Deltas um so eindrucksvoller vor Augen zu führen. Im Inneren lag auf einem kleinen Tischchen ein Buch sowie ein Kugelschreiber. „Wollen wir uns eintragen", wandte ich mich an Irma, „schau, da haben sich schon andere vor uns verewigt. Ich schreibe uns mal ein, du brauchst nur noch zu unterschreiben". Ich trug mich ein, und Irma fügte ihre Unterschrift hinzu. Da tauchte wie aus dem Nichts ein Uniformierter auf und klärte uns über die wahre Bedeutung des vermeintlichen Gästebuches auf.

Der Präsident könne uns derzeit nicht zu einer Audienz empfangen, meinte er bedauernd, er weile nämlich für einige Tage auf Staatsbesuch in Großbrittanien. Wir erklärten dem freundlichen Mann, das täte uns sehr leid, aber wir seien auch unsererseits zu unserem Bedauern nicht in der Lage, die Rückkunft des Präsidenten abzuwarten. Der heutige Tag sei der letzte unseres Aufenthalts in Gambia. Und dann bedauerten wir alle drei gemeinsam und ganz intensiv, daß aus einer Audienz bei dem Präsidenten der Republik Gambia nun leider nichts werden konnte.

1980

Nützliche Ratschläge
und was in Kenia daraus wurde

„Eine Reiseleitung haben sie nicht bei dieser Camping-Safari", erklärte uns die Leiterin des zentralen Reisebüros in Nairobi. „Sie sind eine Gruppe von neun Personen, da reichen zwei Safaribusse. Der Fahrer des ersten Wagens ist zugleich ihr Führer. Der kennt sich bestens aus in den Nationalparks und hat Erfahrung im Umgang mit Wildhütern und Dorfältesten. Er wird ihnen auch beim Einkaufen der Lebensmittel oder beim Aufstellen der Zelte behilflich sein, aber einen fachkundigen Reiseleiter kann er nicht ersetzen".
Bevor sie uns endgültig in die Wildnis Ostafrikas entließ, legte sie uns noch eine Art Verhaltenskodex ans Herz: „Verletzen sie niemals die Gefühle der Einheimischen", sagte sie. „Die Kenianer legen großen Wert darauf, daß sie von weißen Touristen als Menschen und Individuen; aber darüber hinaus auch als Nation respektiert werden. Achten sie deshalb immer besonders darauf, daß sie nationale Symbole wie zum Beispiel die Nationalfahne mit gebührendem Respekt behandeln!"
Wir wollten ursprünglich eigentlich eine Luxus-Safarireise buchen, aber alle derartigen Touren waren restlos ausverkauft. Deshalb entschieden wir uns kurzfristig für eine simple Camping-Safari in Kleinbussen mit Übernachtung in einfachen Zelten statt in exquisiten Lodges und mit der

Notwendigkeit, alle Lebensmittel in den Dörfern der Eingeborenen selbst einzukaufen und auch selber zu kochen.

Diese Einfachtour war mit Sicherheit erlebnisreicher als die Luxusvariante, denn wir waren hautnah inmitten der grandiosen Natur Ostafrikas, mitten unter den Herden von Gnus, Giraffen, Zebras, Antilopen, Wasserbüffeln und Löwen. Wir mußten nachts unsere Bananenschalen vergraben, weil sonst die Elefanten, vom süßen Duft angelockt, unser Zeltlager zertrampelt hätten. Ein Lagerfeuer mußte ohnehin die ganze Nacht über brennen zur Abschreckung der Tiere. Auch Kontakte mit den Menschen ergaben sich ganz automatisch bei unseren Einkäufen. Wir lernten so auch die ganze ethnische Vielfalt der dortigen schwarzafrikanischen Bevölkerung kennen, von seßhaften Ackerbauern wie den Kikuyus bis zu den Hirtennomaden der Masai und Samburu.

Den zweiten der beiden Kleinbusse chauffierte ein Askari, ein uniformierter Soldat, der für unsere Sicherheit sorgen sollte und der deshalb ständig ein uraltes sechsschüssiges Repetiergewehr Marke Enfield mit sich herum trug. In der Nacht allerdings beschränkte sich sein Beitrag zu unserem Schutz, sei es vor neugierigen Tieren, sei es vor bösen Menschen, auf ein lautstarkes Schnarchkonzert, während sein Schießeisen unbewacht und für jedermann zugänglich neben ihm im Grase lag.

Es zeigte sich, daß die Türe des Safari-Busses, in dem Irma und ich saßen, verbeult und dadurch am unteren Rand undicht war. Die Folge war, daß der rote, durch die Reifen aufgewirbelte Staub der

Trockensavanne durch diese Ritzen eindringen konnte, so daß mein schöner Khakianzug im Nu total verschmutzt war, und auch Irma war von unten bis oben rot gepudert. Im Tsavo-Nationalpark sahen wir sogar „Rote Elefanten", die sich zum Schutz gegen Schmarotzer selber mit dem roten Staub eingefärbt hatten.

Wir jedenfalls waren ziemlich dreckig, ganz im Gegensatz zu den Einheimischen in den Dörfern. Deren Häuser, ob wellblech- oder strohgedeckt, hatten weder Kanalisation noch Wasserleitung. Die Menschen mußten das Wasser oft mühsam mehrere hundert Meter in Eimern herbeitragen, die sie auf dem Kopf balancierten. Trotzdem war ihre helle Kleidung stets makellos sauber, weil sie nämlich unablässig am Waschen und Säubern waren. Wir dagegen kamen daher wie heruntergekommene Landstreicher. Mehr als einmal zeigten die Dorfbewohner mit Fingern auf uns. Sie lachten uns sogar ungeniert aus, wenn wir in einer der Ansiedlungen auftauchten, um unseren Nahrungsmittelvorrat zu ergänzen. Es war uns richtig peinlich, so als touristische Dreckfinken vor den sauberen Afrikanern dazustehen!

Nach einem Abstecher zum Masai Mara Game Reservat - dem kenianischen Teil der Serengeti – waren wir nun am Lake-Nakuru-Park angelangt, um am Nakurusee die riesigen Kolonien roter Flamingos und sonstiger Wasservögel zu beobachten.

Wie hatte die Dame vom Reisebüro in Nairobi so schön gesagt? „Achten sie bitte darauf, daß sie die Nationalfahne mit dem nötigen Respekt behandeln!" Wie es um diese respektvolle Einstellung bei den

Schwarzafrikanern selber bestellt war, das bekamen wir jetzt als Lehrstück anschaulich vorgeführt!

Das Eingangstor zu dem Park war eigentlich ein Gebäude mit einer großen Schranke, mit einem überdachten Vorplatz und einem Schalter, wo man sich anmelden konnte. Der Fahrer hatte dort die Reisepapiere vorgelegt und wartete nun auf die Erlaubnis, in das Gelände einzufahren. Wir waren ausgestiegen und vertraten uns derweil die Füße. Im Gelände hinter dem Tor sah man einige Affen herumlungern. Einer davon, ein riesiges Pavianmännchen, kam heraus und näherte sich neugierig und zielbewußt unserem Minibus. Ohne meine Frau zu beachten, die vor der offenen Autotüre stand, sprang er in den Wagen und setzte sich rittlings auf die Rückenlehne der hinteren Sitzbank. Da saß er nun, als sei dieser Platz seit jeher eigens für ihn reserviert gewesen. Daß er aber jetzt in den Wagen pinkelte, über den ganzen hinteren Sitz, das bemerkten wir erst, als es längst zu spät war. Er ließ es einfach laufen, es plätscherte nur so, alles war pitschnaß. Wir wagten nicht, das riesige Tier aus dem Wageninneren herauszuholen. Zu gefährlich erschien uns sein starkes Gebiß mit den bedrohlichen scharfen Eckzähnen. Hilfesuchend wandten wir uns an einen der Parkwächter. Dem gelang es anstandslos, das zunächst widerstrebende Tier aus dem Auto zu locken. Es blieb das Problem, den Wagen zu reinigen. Ein großer Putzlumpen und ein Kübel mit Wasser wäre das richtige Instrumentarium gewesen. Prompt kam ein zweiter Helfer mit einem großen Wassereimer an. Fehlte nur noch ein Putzlappen. Da war offenbar nichts

brauchbares in Reichweite. Was taten die eifrigen Helfer in ihrer Not? Suchend schaute sich einer der Schwarzen auf dem Gelände um. Dabei fiel sein Blick nach oben, wo an einem hölzernen Mast die Kenianische Nationalfahne im Winde flatterte. Ohne lange zu überlegen holte der Wärter die Fahne ein, vorschriftsmäßig an ihren Schnüren, wie auf dem Exerzierplatz. Dann löste er sie aus ihrer Befestigung, nahm das heilige Nationalsymbol aus leuchtend schwarz-rot-grünem strapazierfähigem Fahnentuch und wischte damit zu unserem Entsetzen die Schweinerei im Inneren unseres Busses auf, ganz ohne den nötigen Respekt!
Was lernen wir aus dieser Geschichte?
Pietät kann manchmal hinderlich sein, besonders in einer Notsituation!

1982

Im Balinesischen Muskatwald
Ramajana-Epos und Hanumans Erben

Meine Brille war weg! Geklaut von einem Affen! Im heiligen Muskatwald nahe der Ortschaft Sangeh war es geschehen! Ein Unglück, denn ich hatte keine Ersatzbrille dabei! In dem Gehölz mit hohen Muskatnußbäumen trieben Hunderte flinker, grauer, unglaublich frecher Affen vor einer grünbemoosten Tempelruine ihr Unwesen. Vor dem eigentlichen Heiligtum gab es einen Platz mit Verkaufsständen wie auf einem Jahrmarkt. Eine der „Standlfrauen" hatte uns sogar gewarnt. Wir sollten aufpassen in dem heiligen Bezirk, hatte sie zu meiner Frau gesagt, die Affen seien sehr aufdringlich. Auf ihren Rat hin hatte sich Irma mit einem langen, dünnen Stecken bewaffnet, den ihr aber eines der Äffchen sofort entreißen wollte. Es war lustig anzusehen, wie der Affe energisch an dem einem Ende zog und wie Irma standhaft das andere Ende festhielt. Als ich aber die skurrile Szene filmen wollte und deshalb mit der Kamera in die Hocke ging, sprang einer der Affen blitzschnell von hinten auf meine Schulter, brachte im Bruchteil einer Sekunde die Brille an sich, faltete daraufhin sogar das Gestell fachgerecht zusammen und hockte nun mit seiner Beute hoch oben auf einem Baum. Was tun in dieser Situation? Die Rettung kam umgehend in Gestalt eines Einheimischen, der offensichtlich alles genau beobachtet hatte. Der wollte uns nun eine Tüte mit Erdnüssen verkaufen, die sollten wir dem diebischen Affen anbieten im Tausch gegen die Brille. „Ob das funktioniert?", sagte ich zweifelnd zu Irma. „Ob der Affe nicht bloß die Nüsse frißt und die Brille trotzdem behält?" Aber es war ja Not am Mann. Also kaufte ich dem Helfer die Nüsse ab und warf dann, nach seiner Anweisung, die Tüte in die Höhe. Der Affe fing sie geschickt auf und ließ nach einer kleinen Weile meine wertvolle Brille einfach fallen. Sie landete zu meiner Erleichterung unversehrt auf dem weichen, bemoosten Waldboden. Damit war das Brillenabenteuer im Muskatwald glücklich überstanden. Ich wurde allerdings den Eindruck nicht los, daß ich das Opfer eines abgekarteten Spiels zwischen dem hilfreichen Nußverkäufer und dem diebischen Affen geworden war!

Daß die Affen überhaupt so frech sein dürfen und ihnen alles erlaubt und nichts verboten ist, das hat seinen Grund in der hinduistischen Mythologie. Das Ramayana-Epos nämlich schildert in seinen hundertvierzigtausend Strophen die Geschichte des Prinzen Rama, einer Inkarnation des Gottes Wischnu. Rama verkörpert zusammen mit seiner Gemahlin Sita und seinem Bruder Laksmana das Prinzip des Guten. Sein böser Gegenspieler ist der Dämonenkönig Rawana. Der besiegt Laksmana durch eine List und entführt die schöne Sita auf die Insel Lanka. Prinz Rama aber kann mit Hilfe des Affenkönigs Sugriva und seines Affengenerals Hanuman den Aufenthaltsort der Entführten ausfindig machen. Über eine Brücke aus Affenleibern setzt das Heer der Affen nach Lanka über und vernichtet in einer gewaltigen Entscheidungsschlacht das Dämonenheer mitsamt seinem Fürsten Rawana. Prinz Rama und Prinzessin Sita, die Liebenden, sind wieder vereint! Die Affen aber gelten seither in allen hinduistischen Ländern als heilig und unantastbar, und das wissen sie auch ganz genau! Ich habe es selbst erlebt und kann es bezeugen!

1985

Ceylonesische Gegensätze
Elefanten, Polizisten und Soldaten

Vor knapp zwei Jahren hatte Colombo gebrannt. Fünfhundert bis tausend Menschen waren ums

Leben gekommen bei den schwersten Unruhen seit 1948, dem Jahr, in dem Sri Lanka die Unabhängigkeit erreichte. Der alte Gegensatz zwischen buddhistischen Singhalesen und hinduistischen Tamilen hatte sich wieder blutig entladen. Als Brandbeschleuniger hatte dabei die Tatsache gewirkt, daß immer mehr südindische Tamilen als billige Arbeitskräfte ins Land gekommen waren. Das hatte bei der Bevölkerungsmehrheit der Singhalesen Ängste geschürt. Vor allem die Forderung tamilischer Extremisten nach einem unabhängigen Tamilenstaat im Norden der Insel verhieß nichts Gutes für die zukünftige Entwicklung.

„Können wir denn da überhaupt hinfahren?", fragte Irma. „Ist das nicht viel zu gefährlich?" „Im Moment ist es ja ruhig," sagte ich, „und die Reisegesellschaft ist auch der Meinung, daß zur Zeit keine Gefahr besteht". Also buchten wir eine einwöchige Rundreise sowie eine weitere Woche Aufenthalt zur freien Verfügung in einem Strandhotel.

Die Studienreise war zu Ende. Sie hatte von Colombo nach Anuradhapura mit seinem über 2200 Jahre alten Bodhi-Baum geführt und weiter über Mihintale, die Wiege des singhalesischen Buddhismus zu den Wolkenmädchen auf dem Sigiriya-Felsen und zur „Fünf-Hügel-Stadt" Kandy mit ihrem Tempel des Zahns, worin sich ein Augenzahn Buddhas befinden soll. Ein Abstecher nach Ratnapura zu den Edelsteinschleifern bescherte meiner Frau eine rubinbesetzte Halskette nebst Ohrringen. Endpunkt war wiederum Colombo. Von dort Transfer zu unserem Hotel an der Südküste. Der malerische Badeort hieß Beruwala.

„Und demnächst fahren wir nach Pinnawala," sagte ich.

Wir hatten nämlich schon Jahre vor Antritt dieser Reise im deutschen Fernsehen eine Sendung über ein Waisenhaus für Elefantenkinder gesehen, die durch Unfall oder Wilderei zu Waisen geworden waren. In einem Ort mit Namen Pinnawala sei diese „Elephant Orphanage" zu finden. Später würden die Tiere dann als Arbeitselefanten ausgebildet und an Forstbehörden, Firmen oder Tempelanlagen verkauft. Wir waren uns damals einig gewesen: „Da müssen wir unbedingt hin!"

Aus diesem Grunde hatte ich während der ganzen Rundreise jeden neuen einheimischen Führer und jeden Ober in einem neuen Hotel nach dieser Ortschaft gefragt. Aber niemand kannte den Namen. Erst am vorletzten Tag gab uns dann ein Ober den entscheidenden Tip. Bei Kegalla sei das, in der Region Kandy.

Angesichts mangelnder Ortskenntnisse, schlechter Straßen und Linksverkehr nahmen wir einen Leihwagen mit Fahrer. Das kostete nur unwesentlich mehr als der Mietwagen allein und schonte die Nerven. Auch ihm sagte der Name Pinnawala nichts. Gleich zu Beginn der Fahrt, noch in der Morgendämmerung, lief uns eine kleine Katze vor das Auto, erreichte aber unversehrt den rettenden Straßenrand. Der Fahrer hielt an, stieg aus, überzeugte sich, daß nirgendwo eine verletzte Katze zu sehen war, fragte auch mich nach meiner Meinung und setzte erst dann die Fahrt fort. Jedes

Tier, jede Pflanze gilt einem gläubigen Buddhisten als beseelt, und der Mensch könnte ja im Samsara, dem Kreislauf der Wiedergeburten, als Kätzchen reinkarniert werden!
Der Besuch bei den Elefanten war ein großartiges Erlebnis für uns beide! Die Wärter, die „Mahouts", hatten uns wohl schnell als Tierfreunde erkannt und ließen uns völlig freie Hand, und auch die Dickhäuter kamen sofort neugierig und ohne Furcht herbei, ein Jungbulle verspätet und deshalb laut trompetend. Irma fand sich bald inmitten von zweieinhalb Meter hohen Jungtieren, die herbeigeeilt waren, um die fremden Zweibeiner zu begrüßen. Sie blickte an sich hinunter und sah ihre in leichten Sandalen steckenden Füße umstellt von den riesigen Beinsäulen der Giganten. Die achteten aber übervorsichtig darauf, ihr nicht auf die Latschen zu treten. Ein kleines, struppiges Elefantenkind von nicht einmal einem Meter Schulterhöhe aber hatte es Irma besonders angetan. Sie hatte den Knirps, der nach Aussage eines Mahouts knappe neun Monate alt war, angesprochen, worauf der sich zu Boden geworfen, sich schmeichelnd wie ein Hauskätzchen an ihren Beinen gerieben und diese zärtlich und sanft mit seinem Rüssel umschlungen hatte. Ich hielt die anrührende Szene mit der Filmkamera fest. Nun wollte ich aber auch mit dem kleinen Kerl schmusen. „Nimm` du die Kamera," bat ich Irma. „Ich möchte ihn auch streicheln!" Aber mit mir hatte der kleine Kerl anderes im Sinn, vielleicht weil ich ein Mann war. Kaum hatte ich mich ihm zugewandt, stellte er sich nämlich in Positur, nahm sozusagen Maß und stürmte dann wie eine kleine

Lokomotive auf mich zu. Ich konnte nicht mehr ganz ausweichen, und er schrammte mit seinem rauhen Schädel schmerzhaft an meinem Ellbogen vorbei, wo er mir eine schmerzende Abschürfung zufügte. Nur mit großer Mühe gelang es mir, weitere Attacken abzuwehren. Aber böse konnte ich dem Rowdy deshalb natürlich nicht sein!

Später erlebten wir dann, wie er in einem Extra-Gehege von seinen Pflegern mit Milch aus der Nuckelflasche verwöhnt wurde.

Danach begleiteten die Mahouts die größeren Exemplare der Herde durch das riesige palmenbestandene Gelände hinunter zum Fluß Maha Oya, wo sich die Tiere genüßlich in dem klaren Wasser tummelten, sich zum Teil treiben ließen und sichtbar großen Spaß dabei hatten..

Am nächsten Tag wollten wir noch einmal Colombo erkunden, auf eigene Faust und mit der Eisenbahn. Die Engländer hatten ja während der Kolonialzeit ein umfangreiches Bahnnetz ausgebaut. Unser Standort Beruwala war Bahnstation, einer Fahrt nach Colombo auf der landschaftlich sehr reizvollen Strecke, immer an der Steilküste entlang, stand nichts im Wege. Die Hotelleitung empfahl uns allerdings, nur erster Klasse zu reisen, wegen des Komforts und auch der Hygiene, von der zweiten oder gar der dritten Klasse rieten sie dringend ab. Am nächsten Morgen stellte sich heraus, daß es in dem Zug gar keine Erste-Klasse-Waggons gab, also kam sowieso nur Zweite Klasse in Frage.. Da war es zwar etwas voll, aber durchaus erträglich. Hauptstadt, Hafenstadt, Millionenstadt; Basare, Souvenirläden, buddhistische Tempel, christliche

Kirchen, Moscheen; Und überall ein unvorstellbares Menschengedränge!
Etwas erschöpft erreichten wir am Abend dem Hauptbahnhof. Nun gab es nur noch Waggons der dritten Klasse! Das war uns jetzt auch egal, es wurde im Gegenteil sogar höchst interessant. Es war ein reiner Arbeiterzug. Alle Plätze waren voll besetzt, die meisten Leute standen in den Gängen. Die Passagiere, zum Großteil Arbeiter auf der Heimfahrt in ihre Wohnsiedlungen, saßen sogar in den Rahmen der geöffneten Fenster, also zum Teil mit dem Gesäß im Freien! Sofort sprangen einige Leute auf und boten Irma und auch mir ihren Sitzplatz an. Sie sprachen ganz leidlich Englisch, und es entwickelte sich ein lebhafter Diskurs.
„Wir müssen raus, unsere Station ist da", rief ich plötzlich, und wir kamen mit Mühe durch das Gedränge nach draußen, ehe der Zug weiterfuhr. Wir standen auf dem Bahnsteig, sahen die Schlußlichter entschwinden, aber dann kam mir die Station ganz fremd vor. „Das ist gar nicht unser Bahnhof" konstatierte ich entgeistert, „wir sind auf einer falschen Station ausgestiegen!" Zum Glück war noch jemand im Fahrkartenschalter. Wir erfuhren, daß wir eine Station zu weit gefahren waren, daß dies der letzte Zug für heute gewesen sei, daß es keine Möglichkeit gebe, zurück nach Beruwala zu fahren. Am Bahnhof gab es kein Telefon. Die nahegelegene Post hatte auch schon zu, es war, als hätte sich alles gegen uns verschworen! Ich war ratlos, aber Irma sagte: „Die Polizei, dein Freund und Helfer! Frag` doch nach einer Polizeistation!" Ein später Passant wies uns den Weg. Die Station

erwies sich als großer Bungalow. Wir klingelten, ein Polizist ließ uns ein. Wir fragten, ob wir telefonieren dürften. Darauf wurden wir in das Büro des Polizeichefs geführt. In einem riesengroßen Raum mit einem ebenso riesengroßen, repräsentativen Schreibtisch darin empfing uns ein hünenhafter Singhalese in einer mit Ordens- und Rangabzeichen geschmückten Uniform. Der hörte sich höflich die Schilderung unseres Malheurs und die Bitte nach einem Telefonat an, nickte mit dem Kopf, rückte seinen Telfonapparat auf dem Schreibtisch in unsere Richtung, forderte mich auf, Platz zu nehmen und sagte, ich könne selbstverständlich das gewünschte Telefonat führen. Darauf verließ er den Raum, wohl als Geste besonderer Höflichkeit. Ich rief die Nummer unseres Fahrers an, der uns gestern nach Pinnawala gebracht hatte, schilderte ihm, wo wir waren und bat ihn, uns hier möglichst bald abzuholen. „Gott sei Dank, das hat geklappt," sagte ich erleichtert. Dann warteten wir, weiterhin allein in dem Büro. Da aber regte sich plötzlich etwas. Wir sahen erst jetzt, daß im Hintergrund des Raumes eine Kiste stand, etwa zwei Meter fünfzig lang, neunzig Zentimeter hoch und breit, vorne vergittert. Und aus dem Gitter heraus kam jetzt eine braune Hand, die gehörte zu einem Menschen, der offensichtlich in der Kiste eingesperrt war, und eine Stimme tönte aus der Kiste: „Give me money, please give me money!" „Das gibt`s doch nicht," sagte ich konsterniert, „da ist einer eingesperrt in diese Kiste, und der bettelt aus der Kiste heraus!" Irma konnte gar nichts sagen, so entsetzt war sie. Ich aber fuhr fort: „Dem können wir nichts geben, sonst landen

wir womöglich auch in einer solchen Kiste. Zum mindesten aber bekommen wir Schwierigkeiten." Damit stand fest, daß es nicht zu einer Aktion von Gefangenenbegünstigung oder Häftlingsbefreiung kommen würde. Nach einiger Zeit kam der Kommandant wieder herein. Er bemerkte, daß mit der Kiste samt Inhalt etwas nicht stimmte. Er nahm einen weiß gestrichenen Holzknüppel zur Hand, den er wie einen Degen an seiner Seite trug, schlug damit etliche Male auf die Kiste und rief ein paar energische Worte, worauf sich der Gefangene in den Hintergrund seiner Kiste zurückzog und fortan keinen Laut mehr von sich gab. Eine Bezahlung der Telefongebühr wollte der Polizist nicht annehmen, das verstieß offenbar gegen seinen Ehrenkodex. Wir bedankten uns bei ihm und verließen wenig später die Polizeistation, denn unser Fahrer war eingetroffen, um uns zu unserem Hotel in Beruwala zu chauffieren. „Hast du geschehen, was das für ein Häftling war in der Kiste," sagte ich zu meiner Frau. „Das war ein Tamile, das war schon an der braunen Hautfarbe zu erkennen. Aber unternehmen kann man da nichts. Es ist halt Bürgerkrieg hier!"
Daß der Bürgerkrieg zwar nicht offen stattfand, aber doch latent schwelte, konnten wir bei einem Besuch im Norden des Landes, also in einem Gebiet mit tamilischer Mehrheit hautnah erleben. Über unser Hotel hatten wir eine entsprechende Busfahrt einer einheimischen Reiseagentur gebucht. Die Fahrt war als reine Sightseeing-Tour konzipiert. Aussteigen war nicht vorgesehen. Je weiter nördlich wir kamen, um so häufiger begegneten uns Militärkonvois. Dann, inmitten riesiger Gemüsefelder, auf denen tamilische

Bauern arbeiteten, mußten wir anhalten. Gepanzerte Militärfahrzeuge versperrten den Weg. Es waren Radpanzer, bestückt mit Maschinengewehren und Kanonen. Die Soldaten richteten ihre Geschütze auf Zielscheiben, die sie am Rand eines Palmenwäldchens jenseits der Bauern angebracht hatten. Dann eröffneten sie das Feuer, über die Köpfe der Tamilen hinweg. Die schien das erstaunlicherweise nicht besonders zu stören. Zwar hielten sie kurz in ihrer Feldarbeit inne, arbeiteten aber nach Beendigung der Schießübung weiter, als sei nichts geschehen. Sie hatten sich wohl an das rigorose Verhalten des singhalesischen Militärs schon gewöhnt. Nach etwa einer halben Stunde winkten uns die Soldaten weiter, wir durften endlich passieren. „Besonders vertrauenserweckend sahen die nicht aus," war meine abschließende Bewertung des Vorfalls, „das ganze ist wohl als Drohgebärde der singhalesischen Armee zur Einschüchterung der tamilischen Bevölkerung gedacht! Es herrscht eben wirklich Bürgerkrieg in Sri Lanka!"
Abgesehen von dieser Unterbrechung verlief aber unser Sightseeing-Ausflug in den Norden des Landes ohne besondere Vorkommnisse!

1987

Das Omen von Rangoon
Myanmar, das unsichere Land

„Das können wir doch nicht machen", sagte ich. „Irma, was ist los mit dir? Die Reise nach Burma ist

längst gebucht, die können wir doch nicht einfach ausfallen lassen!" Aber meine Frau erklärte, sie wolle am morgigen Tag nicht nach Rangoon fliegen, sie wolle überhaupt nicht nach Burma, sie habe kein gutes Gefühl. „Bleiben wir doch hier in Bangkok!" So hatte ich sie noch bei keiner Auslandsreise erlebt! Nach langen Diskussionen gab sie nach. „Dann fliegen wir eben", sagte sie. Überzeugend klang es nicht!
Kurz vor Rangoon gerieten wir in einen tropischen Gewitterregen, der Airbus mußte nach einer riskanten Beinahe-Landung durchstarten und kam auch beim zweitenmal auf der überfluteten Piste stark ins Schlingern, bevor er endlich zum Stillstand kam. „Siehst du, es fängt schon gut an", sagte Irma. „Es ist doch nichts passiert", war meine Antwort. Insgeheim aber beunruhigten mich ihre Befürchtungen, hatte sie doch in der Vergangenheit schon mehrmals Vorahnungen gehabt, die sich dann bewahrheitet hatten, etwa jene berufliche Weiterbildungsveranstaltung, zu der ich wie alle anderen Teilnehmer mit dem Firmenbus anreisen wollte. Irma hatte so lange ihre diffusen Befürchtungen geäußert, bis ich nachgab und meinen eigenen Wagen benützte. Der Bus war verunglückt, es hatte fünf Tote gegeben. „Es wird doch nicht etwas ähnliches dahinterstecken" dachte ich, „es wird doch nicht wieder eine hellsichtige Vorausahnung sein, ein böses Omen?" Aber ich behielt diese Gedanken für mich. Jetzt mußten die Dinge ohnehin ihren Lauf nehmen.
In der heißen und stickigen Abfertigungshalle ging es chaotisch zu. Immerhin verlangte nach einiger

Zeit ein Uniformierter unsere Reisepässe und fragte sodann, ob wir einen Whisky für ihn hätten. Auf solche Fragen war ich vorbereitet. Gut präpariert durch einen Kollegen mit einschlägiger burmesischer Reiseerfahrung konnte ich dem Uniformträger ein kleines Fläschchen mit dem gewünschten Inhalt übergeben. Der wurde daraufhin sofort aktiv. Staunend sahen wir, wie unsere wertvollen Dokumente durch viele Hände über die Köpfe der geduldig wartenden Menge hinweg weitergereicht wurden und wie sie am Ende hinter einer hölzernen Absperrung verschwanden. „Hoffentlich sehen wir die jemals wieder", sagte ich zu Irma, aber nach einiger Zeit kam alles wie durch ein Wunder auf dem gleichen Wege wieder zu uns zurück. Damit war die Einreise vollzogen! Das Whiskyfläschchen hatte vermutlich eine Menge zusätzlicher Ansteherei eingespart oder zumindest ein schikanöses Hinauszögern der Bearbeitung verhindert. Genau konnte man das nicht wissen, aber es war schon empfehlenswert, sich den landesüblichen Sitten anzupassen.

Erleichtert verließen wir die Halle. Jenseits der Zollbarriere wartete ein Einheimischer auf uns, der sich als unser Reiseleiter für die kommenden Tage vorstellte. Herr Batain war kein Burmaner, sondern kam aus dem Arakan, einer Provinz an der Grenze zu Bengalen. Er sah aus wie ein Inder, groß und schlank und sehr sympathisch. Er hatte in Rangoon Medizin und Psychologie studiert, in dem unterentwickelten Land aber keine entsprechende Anstellung finden können. Seine Frau arbeitete als Lehrerin. Endlich, nach langer Wartezeit,

erschienen auch die noch fehlenden zwei Mitreisenden unserer vierköpfigen Reisegruppe. Die hatten offenbar keinen Whisky spendiert und konnten deshalb nicht von einer verkürzten Einreiseprozedur profitieren!
„Das einheimische Geld ist leider nichts wert", sagte Herr Batain. „Wenn sie Trinkgeld geben wollen, geben sie ausländische Währung. Oder Whisky, Nagellack, Parfüm, Lippenstifte, Zahnpasta, Seife. Zigaretten sind auch sehr begehrt." Nun, Whisky als Schmiermittel hatten wir ja bereits erfolgreich getestet!
Wir logierten im Hotel Strand – angeblich Kategorie eins - aber heruntergekommen und verdreckt wie die ganze Stadt. Am nächsten Tag fuhren wir sehr früh zum Flughafen. Unsere Reise war nur eine Kurzreise, weil die herrschende Junta Visa nur für sieben Tage ausstellte. Wollte man mehr unternehmen, hätte man nach Ablauf der Frist wieder zurück nach Bangkok fliegen, dort ein neues Visum beantragen und sodann erneut einreisen müssen. Das Militärregime hatte ja nicht einmal die volle Kontrolle über das eigene Staatsgebiet. Es gab Aufstände oppositioneller Gruppen und regionaler Stämme, so daß Touristikreisen auf dem Landweg gar nicht möglich waren. Größere Strecken konnte man aber mit dem Flugzeug zurücklegen, und zwar ausschließlich mit der einheimischen Fluglinie Birma Airways. Wir bestiegen die Maschine nach Pagan, die ich unschwer als eine Fokker F27 Friendship erkannte. Meine leisen Bedenken, ob Burma überhaupt brauchbare Flugzeuge einsetzen könne, verflogen, denn ich wußte, daß Entwurf und Statik

dieses Typs von meinem langjährigen Fachkollegen bei der Firma MBB, Dr. Sacharudin Jusuf Habibie stammten. Habibie war Indonesier, hatte in Aachen studiert und war nach einem Gastspiel bei Fokker zur MBB-Tochter Hamburger Flugzeugbau gegangen. Er war jetzt allerdings auf Wunsch seines Präsidenten Suharto nach Indonesien zurückgekehrt mit dem Auftrag, als Minister für Technologietransfer den Aufbau einer indonesischen Luftfahrtindustrie voranzutreiben. Ich stieg also beruhigt in die Maschine, die allerdings in ihrem Inneren einen etwas ungepflegten Eindruck machte und auch irgendwie nach verdorbenem Essen und Urin roch.

„Was hast du denn", fragte ich meine Frau. „Du bist so unhöflich zu unserem Führer! Wenn er mit dir spricht, wendest du dich ab oder gehst weg. So kenne ich dich ja gar nicht. Du bist doch auf unseren bisherigen Reisen gut mit allen Reiseleitern ausgekommen, und Herr Batain ist doch wirklich ein sympathischer Mensch." „Ich weiß auch nicht", war die Antwort. „Er strahlt irgend etwas aus, das mir Angst macht – als ob er Unglück bringen würde. Ich kann es mir selber nicht erklären!" „Dann laß` es dir wenigstens nicht so anmerken", sagte ich, „er bemüht sich wirklich sehr, und wir wollen ihn doch nicht beleidigen!" Es gelang Irma, im weiteren Verlauf der Rundreise ihre unerklärliche Aversion so zu verbergen, daß Herr Batain vermutlich nichts davon bemerkte. Nur ich sah, wie schwer ihr das fiel. Unvergeßliche Eindrücke in Pagan mit seinen tausend Pagoden, aber auch seinen malerischen Märkten, zauberhafte weiße Stupas in Mandalay, dort aber auch tiefe Einblicke in das dörfliche Leben der Burmaner, Fahrten auf dem alles beherrschenden und alles verbindenden Irrawaddy-Fluß mit Unterbrechungen wegen eines Motorschadens, den ich, der Tourist, durch Zündkerzenwechsel und Vergaserreinigung beheben konnte. Rangoon mit seinen viktorianischen Kolonialgebäuden, aber auch mit der unvergleichlich schönen und prächtigen Shwe Dagon Pagode. Flüge von Stadt zu Stadt, mit einem leibhaftig mitreisenden General der Militärjunta, dessentwegen wir alle die Maschine verlassen mußten, damit der obligatorische Sicherheitscheck durchgeführt werden konnte. Und bei allen diesen Stationen: ein freundlicher und kompetenter Reiseleiter, der uns erzählte, seine Frau erwarte wieder Nachwuchs, und daß er hoffe, es möge diesesmal ein Mädchen werden. In einer Woche werde er im übrigen eine größere Gruppe von Deutschen und Schweizern auf etwa der gleichen Route begleiten.

Am Abreisetag brachte er uns zum Airport. Bei der Ausreise wollte ich eine kleine bronzene Buddhafigur aus dem 17. Jahrhundert in der Hosentasche durch die Sperre bringen, weil ich geglaubt hatte, die Kontrolleure hätten keine Metalldetektoren. Irrtum! Ein aufmerksamer Polizist spürte die Figur auf. Seine Frage nach Cognac lief ins Leere, ich hatte alles schon verausgabt. Aber fünf US-Dollar taten den gleichen Dienst, die Figur konnte passieren.

Wir flogen über Hongkong nach Bali, das sich seit unserem letzten Besuch vor vier Jahren zum Glück

nicht nachteilig verändert hatte. Nach einer Woche ging es dann endgültig zurück nach Deutschland.
Wie immer nach längeren Reisen meldeten wir uns gleich nach der Rückkunft telefonisch bei unserer Familie, eine Routineangelegenheit. Diesmal aber verlief die Begrüßung durch meinen Schwager ungewohnt dramatisch: „Gott sei Dank, daß ihr wieder da seid! Wir haben uns schon große Sorgen gemacht! In Burma ist ein Flugzeug abgestürzt mit Touristen aus Deutschland und der Schweiz. Die sind alle ums Leben gekommen! Wir hatten solche Angst, daß ihr das seid!"
Es war unsere Nachfolgegruppe. Die Fokker Friendship war in Pagan abgestürzt, mit 45 Insassen an Bord. Sie waren alle ums Leben gekommen, auch unser freundlicher Führer Batain, der nun nicht mehr erfahren konnte, ob seine Frau ein Mädchen zur Welt bringen würde.
„Die armen Menschen", sagte Irma, „der arme Herr Batain. Er war dem Tod geweiht! Das war es, was ich die ganze Zeit gespürt habe!"
„Es war eben ein böses Omen", erwiderte ich, und mir war etwas unheimlich zumute. „Das Omen von Rangoon."

1988

Arabisch müßte man können
Im Souk von Damaskus

„Die Omaijaden-Moschee und den Azem-Palast haben wir besucht, die älteste Rechtsordnung der

Welt, den Codex Hammurabi, konnten wir bewundern, einen zweiten Reisepaß haben wir dabei, damit es keine Schwierigkeiten mit Sichtvermerken aus Israel gibt, aber was wir eigentlich suchen, haben wir nicht gefunden", sagte ich verärgert.
„Jetzt sind wir in der Hauptstadt Syriens, in Damaskus, das bekannt ist für seine feinen Brokat - und Seidenstoffe, aber Seide haben wir hier in diesem Souk noch nicht gesehen. Kein Mensch kann uns Auskunft geben in diesem hochgelobten, angeblich schönsten und größten Bazar im ganzen Orient". „Versuch's halt einfach weiterhin", ermunterte mich Irma, „irgend jemand wird doch ein bißchen Englisch verstehen!" Aber das englische Wort Silk für Seide schien hier gänzlich unbekannt zu sein. Ich wollte schon resignieren, da kam uns ein intelligent dreinschauender junger Mann entgegen. Der konnte meine Frage, wie denn Silk auf arabisch heiße, auf Anhieb beantworten. „Harir", sagte er. „Silk is Harir in our language".
Mit diesem Wissen ausgestattet, fanden wir nun in dem riesigen Areal des Bazars leicht zu den speziellen Verkaufsständen, wo Seiden – und Brokatstoffe zu haben waren. Irma mischte sich unter die tiefverschleierten Damen der syrischen Gesellschaft, ich feilschte gehörig beim Verkaufsgespräch, und alsbald wechselten die begehrten Stoffe den Besitzer. Ich selber erstand später einen Dolch aus dem nicht minder berühmten Damaszenerstahl, und so waren wir zum Schluß alle beide glücklich mit unseren Einkäufen.
Aber das Zauberwort „Harir" begegnete uns von da an sogar zu Hause in Bayern relativ häufig. In den

vornehmen Einkaufsstraßen Münchens nämlich konnte man tiefverschleierte Araberinnen antreffen, die, gefolgt von ihrem Ehemann, auf Einkaufstour waren. Und so hörten wir das uns neuerdings bekannte Wort öfter einmal in der Münchener Maximilianstraße.

Ja, es ist schon etwas Wahres daran: Reisen bildet, und die Welt erweitert sich sehr mit den Sprachkenntnissen.

Nach dem Fall der Mauer konnte man endlich auch in Länder hinter dem „Eisernen Vorhang" reisen. Ich nahm gleich mit dem Sicherheitsbeauftragten der Firma Kontakt auf, und der gab grünes Licht. Wir fuhren in die DDR, und es war wie eine Fahrt in die eigene Jugendzeit. Die Straßen, die Häuser, die Dächer, die Mentalität der Leute, alles wie bei uns gleich nach dem Krieg! Ungarn als Auslöser des Mauerfalls war natürlich Ehrensache! Dann, damals noch ein Einheitsstaat, die Tschechoslowakei. Und die Sowjetunion, so kurz nach der Wende unglaublich rückständig wie ein Entwicklungsland!

Nach der Wende

5 Episoden 1989 bis 1992

1989/90

Endlich in die DDR
Meißen für Anfänger und
Der Ober von Weimar

Als Entwicklungsleiter im Wehrtechnikbereich waren mir und damit auch meiner Frau bis zum Mauerfall Reisen in Länder des Ostblocks nicht möglich gewesen. Nun aber hatte der Sicherheitsbeauftragte grünes Licht gegeben. Eine Regierung Modrow war im Amt, wir konnten in die Noch-DDR einreisen. Nach Meißen wollten wir, weil Irma ihre Sammlung edlen Porzellans vervollständigen wollte. An der Grenze ließen uns überfreundliche Uniformierte ohne besondere Formalitäten oder gar Schikanen passieren. Danach nahmen wir in einem kleinen Gasthaus ein verspätetes Mittagessen zu uns. Es schmeckte leidlich. Der ekelerregende Zustand des Plumpsklos allerdings führte dazu, daß Irma nach Verlassen der Spelunke lieber seitlich in die Büsche auswich. Der desolate Zustand der Landstraßen weckte dann wieder Erinnerungen an die eigene Jugend in den Fünfzigern. In der Stadt allerdings liefen wir ständig Gefahr, versehentlich in offene Kanalschächte zu treten. Der historisch wertvolle Gebäudebestand war zum großen Teil verfallen, viele Häuser wegen

Einsturzgefahr gesperrt. Vor allem die Dächer waren zum großen Teil defekt und undicht, so daß dem weiteren Verfall der Bausubstanz Tür und Tor geöffnet war. „Das kommt davon, wenn der einzige Dachdecker im Land Staatsratsvorsitzender wird", sagte ich sarkastisch und meinte damit Erich Honecker.
Irmas Wunsch nach Meißen-Porzellan erwies sich als unerfüllbar. Einen entsprechenden, repräsentativ ausgestatteten Laden konnten wir zwar finden, aber es gab nichts zu kaufen. Ein seriös gekleideter Vertreter der Manufaktur zeigte uns bereitwillig alles, was er hatte, das waren aber nur unvollständige Einzelstücke. Ein Deckel ohne die dazugehörige Kaffeekanne, ein paar Tassen ohne Untertassen. Ein Speiseservice für sechs Personen, bei dem aber die Hälfte der Teile fehlte. „Wir verkaufen nichts an Privatpersonen", erklärte der Vertreter, dem alles ein bißchen peinlich war, „wir geben ja die ganze Produktion in den Export, damit Devisen ins Land kommen."
Hernach standen wir etwas entmutigt auf der Straße. „Wir sollten uns allmählich nach einem Hotel oder einer Pension umsehen", meinte ich. „Oder wollen wir heute noch heimfahren?"
„Kann ich ihnen irgendwie helfen", sprach uns ein bärtiger Mann mittleren Alters an, der gerade vor uns aus seinem Trabant gestiegen war. Wir fragten ihn nach einem Hotel, möglichst in der Nähe. „Also,. Hotels werden sie hier nicht finden", war die Antwort. „Die haben wir hier nicht". Nach einer kleinen Pause fuhr er fort: „Haben sie Mut? Dann fahren sie hinter mir her!" Nun, Mut hatten wir

allemal. Er stieg in seinen Trabbi, wir in unseren Audi. In einem etwas außerhalb liegenden Wohngebiet hielt er an. „Warten sie hier"; sagte er und ging zu einem der Wohnblocks. Nach einer Weile kam er wieder. Er habe mit seiner Frau gesprochen, wir könnten bei ihnen übernachten.
Wir nahmen das großzügige Angebot gerne an. Die Wohnung war schön eingerichtet, gut bürgerlich irgendwie. Die beiden – auch die Frau war sehr nett – bestanden darauf, daß wir in ihren Ehebetten schliefen, während sie selbst sich getrennt in irgendwelche Kämmerchen zurückzogen. Am nächsten Morgen gab es ein reichhaltiges Frühstück mit Wurst, Käse, Butter, Brötchen und Kaffee, kurzum, alles hatte durchaus die Qualität eines Sternehotels. Wir bestanden, nach anfänglichem Protest der Gastgeber, auf Bezahlung für die genossene Gastfreundschaft und gaben ihnen einen Betrag, wie wir ihn auch in einem westlichen Hotel bezahlt hätten. Die beiden konnten es kaum fassen, denn es waren DM-Scheine, die sie bekamen, das erste Westgeld ihres Lebens.
Sie ließen es sich daraufhin nicht nehmen, uns noch nach Dresden zu eskortieren. Das verschaffte meiner Frau die Gelegenheit, zum erstenmal in ihrem Leben in einem Trabbi mitzufahren, ein außergewöhnliches Erlebnis. Besonders das Bremsverhalten war ungewohnt, denn der Zweitaktmotor selber bremste ja nicht, weswegen dauernd die Fußbremse betätigt werden mußte. Die Frau unseres Gastgebers durfte auf ihren Wunsch dann in meiner Limousine mitfahren, was wiederum für sie etwas ganz besonderes war! Sie war ganz

angetan von dem ganzen Luxus im Inneren des Fahrgastraumes, vor allem von den vielen Lichtern am Armaturenbrett! Nach Ankunft in der Elbmetropole verabschiedeten sich die beiden. Wir aber besichtigten das, was nach der unnötigen und sinnlosen Vernichtung durch britische und amerikanische Terrorflieger von den historischen und kulturellen Zeugnissen des ehemaligen „Elbflorenz" übrig geblieben war. Insbesondere der Anblick eines Schuttberges mit mahnend emporragender Teilfassade, nämlich der Überreste der Frauenkirche, stimmte uns traurig und wütend zugleich!

Inzwischen hatte Lothar de Maizière die Regierung Modrow abgelöst, aber es war immer noch die alte DDR, in die wir einreisen wollten, diesmal in die Goethestadt Weimar. Ich hatte mir in den Kopf gesetzt, kein Risiko einzugehen, was Übernachtungen anging. Ich wollte im besten Hotel logieren, von dem ich gehört hatte, im „Interhotel Elephant". Das hatte eine lange Geschichte. Auch der Dichterfürst hatte dort logiert, es war aber auch international renommiert, weil dort immer wieder hochgestellte Staatsgäste untergebracht worden waren, nicht ohne daß manche in verwanzten Zimmern ausspioniert oder, bei teilweise von der Staatssicherheit extra eingefädelten erotischen Seitensprüngen, auch erpreßbar gemacht worden waren.

Nun, solche Gefahren drohten uns natürlich nicht! Es war aber schwierig, eine Buchung vorzunehmen. Das Telefonnetz der DDR war völlig unterdimensioniert. Mit der Wählscheibe meines damaligen Telefonapparates wählte ich mir in unzähligen Versuchen fast die Finger wund, bis ich endlich nach mehreren Stunden durchkam. Fast hätte ich versehentlich wieder aufgelegt, so überraschend war die plötzlich doch zustande gekommene Verbindung. Aber die Buchung selbst war problemlos. Drei Übernachtungen konnte ich anstandslos vereinbaren, die Reise war gerettet!

Wir absolvierten ein zwar selbstgestricktes, aber umfangreiches Kulturprogramm, natürlich in der Goethestadt mit entsprechenden Schwerpunkten wie dem Goethe-Nationalmuseum am Frauenplan, dem Schillerhaus, dem Domizil der Frau von Stein. Aber auch im Cranachhaus und in den Kunstsammlungen zu Weimar fanden wir vieles, was wir schon kannten, aber auch viel Unbekanntes.

Die Fassade des Elephant wirkte zwar ebenso renovierungsbedürftig wie viele der umliegenden Gebäude, aber innen drin war alles vom Feinsten. Am Zimmer gab es nichts auszusetzen, der Frühstücksraum war riesig, mit einem reichhaltigen Buffet. Wir mußten zunächst warten, bis uns ein Tisch zugewiesen wurde. Voller Erwartung nahmen wir Platz. Das Frühstück war ja eigentlich inklusive, aber neben dem Buffet saß an einem kleinen Tischchen ein dicker Ober im schwarzen Anzug. Der beobachtete mit Argusaugen, welche Leckerbissen jeder Gast wegnahm und zu seinem Tisch trug. Vor sich hatte er eine mechanische Rechenmaschine, eine ganz altmodische, eine mit Kurbel. Damit schien er den Preis der jeweiligen Speise zu registrieren und das Ergebnis dann in einer Kladde einzutragen. Und tatsächlich fanden wir am

Tag der Abreise in der Rechnung fein säuberlich vermerkt, was wir über das offenbar genormte Einheitsfrühstück hinaus zusätzlich zu uns genommen hatten, jede Extrawurst, jedes Stückchen Käse und jede Tasse Kaffee war da aufgeführt. Das alles mußte gesondert bezahlt werden! „Da hätten sie doch einfach ein paar Prozent mehr verlangen können und dann den Gästen freie Hand lassen" kritisierte ich kopfschüttelnd. „Aber das ist eben der Kommunismus! Warum einfach, wenn's umständlich auch geht? In der Marktwirtschaft jedenfalls könnte man den dicken Ober und seine Funktion glatt einsparen!"

Einige Monate später aber sahen wir den dicken Ober wieder. Wir hatten noch nicht genug von Weimar, zu viele Sehenswürdigkeiten hatten wir beim erstenmal nicht besuchen können. Es war der 1. Juli, der Tag der Einführung der D-Mark. Die Anfahrt auf der Autobahn war durch schwere Lastkraftwagen verlangsamt, welche die vielen Millionen Westgeld zu transportieren hatten. Gepanzerte Fahrzeuge gaben Geleitschutz. Über uns kreisten Hubschrauber. Alles ging nur im Schneckentempo voran. In Weimar sahen wir dann glückliche Menschen, die in langen Schlangen vor den Ausgabestellen der Banken und Sparkassen standen. Andere drückten sich die Nasen platt an Schaufenstern, hinter denen sich auf wundersame Weise die lange entbehrten und früher nur privilegierten Funktionären vorbehaltenen Westwaren stapelten.

Wir logierten wieder im Elephant, und wen sahen wir da wieder? Unseren dicken Ober! Er ging jetzt

einer ganz normalen Servicetätigkeit nach, nahm Wünsche der Gäste entgegen und brachte die bestellten Speisen an die Tische. Das reichhaltige Buffet gab es in unveränderter Form, mit dem Unterschied, daß nun wirklich alles inklusive war.
Aber eines war gleichgeblieben! Der dicke Ober nämlich, obgleich nun ohne Kontrollfunktion, verfolgte nach wie vor aufmerksam und mit Argusaugen, welche Speisen von wem zu den Tischen gebracht wurden. Zwar hatte er keine Kurbel-Rechenmaschine mehr, aber im Geiste, das war ihm ganz deutlich anzusehen, registrierte er wie vormals zu sozialistischen Zeiten jeden Happen, den die Frühstücksgäste sich vom Buffet holten. „Er kann's nicht lassen", sagte ich amüsiert. „Die kommunistische Mangelwirtschaft hat ihn eben zu nachhaltig geprägt!"

1990

Budapester Porzellanveredelung
Herend-Service in zwei Schritten

Irma als langjährige Sammlerin von edlem Porzellan wußte natürlich genau, was sie wollte. „Wenn wir schon einmal in Budapest sind", meinte sie, „dann müssen wir auch versuchen, günstig ein Herend-Service zu bekommen! Das ist immerhin die führende ungarische Marke, vergleichbar mit Meißen oder KPM!" Inzwischen gab es ja schon wieder private Läden, die diese teuere Ware verkauften. Vor

der Wende konnte man solche Dinge ausschließlich in Intertourist-Läden bekommen. Bald hatten wir einen kleinen, aber feinen Porzellanladen gefunden. Ein Kaffeeservice sollte es sein. „Da haben wir einiges da", sagte die Ladeninhaberin., „beispielsweise dieses schöne Vogelmuster!" Aber Irma hatte ihre eigene Vorstellung. „Ich möchte ein Blumenmuster", sagte sie. Die geschäftstüchtige Ladenbesitzerin ging sofort auf den Kundenwunsch ein. „Da haben wir ein sechsteiliges Service, weiß mit rotem Blumendekor. Ich glaube, das ist das, was sie haben möchten". „Ja, genau so etwas suche ich", sagte meine Frau und sah mich fragend an. „Was meinst du, ich glaube, das können wir nehmen!" Ich war einverstanden. Als ich aber den Preis herunterhandeln wollte, stieß ich auf Widerstand. „Da können wir keine Zugeständnisse machen", meldete sich nun der Ladeninhaber selber zu Wort. „Unsere Preise sind äußerst knapp kalkuliert". Aber die Summe war ohnehin sensationell gering im Vergleich mit dem, was wir in München bezahlt hätten. Also ließen wir es bei dem, was der Händler haben wollte. Seine Frau packte alles sorgfältig ein. Zwischen jeden Teller legte sie einige Lagen Papier, die Tassen wurden extra stoßgesichert mit Wellpappe ummantelt, und Irma verstaute schlußendlich das schöne Porzellan sehr sorgsam in ihrem Kosmetikkoffer. Der begleitete uns beim Heimflug als wertvolles und wohlbehütetes Handgepäck auf ihrem Schoß.
Daheim angekommen, holten wir die Teile voller Freude sofort aus dem Köfferchen. „Gottlob, es ist alles ganz geblieben", sagte Irma und stellte eins der

Prachtstücke neben dem anderen auf den Wohnzimmertisch. Ich nahm eine Tasse zur Hand, drehte sie um und inspizierte die Unterseite. „Mensch, das ist ja zweite Wahl", rief ich, „laß mal sehen, ob die anderen Teile auch Ausschuß sind!" Leider war es so. Jeder Teller, jede Tasse wies auf der Unterseite die ominöse Kerbe auf, durch welche das Stück als fehlerhafte Ware gekennzeichnet war.
„Das lassen wir uns nicht gefallen", sagte Irma.. „Auf einen solchen Mangel hätte die Verkäuferin beim Kauf hinweisen müssen. Das schicken wir wieder zurück. Die müssen das Geld wieder herausrücken oder den Schund durch einwandfreie Ware ersetzen!" „Ich schreibe erst einmal einen Brief an die Leute, vor wir irgend etwas wegschicken was dann möglicherweise zerbrochen dort ankommt", sagte ich. Ich verfaßte ein scharfes Schreiben mit der Forderung nach Umtausch. Die Antwort kam relativ schnell, und sie war zu meiner Erleichterung positiv. Der bedauerliche Irrtum täte ihr furchtbar leid, schrieb die Händlerin. Selbstverständlich sei sie bereit, den Umtausch vorzunehmen. Wir bräuchten auch gar nichts verschicken. Sie habe nämlich eine Schwester in München. Die sei mit einem Beamten im diplomatischen Dienst verheiratet und wohne in der Nymphenburger Straße. Wir bräuchten das Service nur dort abzugeben, die Schwester werde dann alles für uns erledigen.
Nach einigen Wochen war alles rückabgewickelt. Das neue Kaffeeservice war erste Wahl und sogar besonders wertvoll. Es war nämlich eine Jubiläumsausgabe zum einhundertfünfzigjährigen Bestehen der Porzellanmanufaktur Herend. „Na,

siehst du", sagte meine Frau, und ich erkannte am Klang ihrer Stimme, daß sie hochzufrieden war, „das haben wir doch wieder einmal gut geregelt. Man darf nur nicht aufgeben!"

1991

Geldwechsel in Prag
Lieber gleich nachzählen

Der letzte Tag unserer Reise „auf eigene Faust" in die goldene Stadt an der Moldau war - wie alle letzten Reisetage – sehr ungemütlich und sehr hektisch. Das Hotel war bezahlt, die Koffer waren gepackt, das in einer nahegelegenen, leerstehenden, nicht absperrbaren Garage stehende Auto, dessen Noch-Vorhandensein wir jeden Tag mindestens einmal überprüft hatten, war auch diesmal entgegen allen damals gängigen Vorurteilen nicht gestohlen worden. Vor der Abfahrt wollten wir noch ein Geschenk für unsere Nichte besorgen. „Einen Anhänger mit einem böhmischen Granat könnten wir ihr mitbringen", schlug meine Frau vor, „das würde sie bestimmt freuen, und die sind doch hier typisch."

In einem Juweliergeschäft am Wenzelsplatz wurden wir fündig. Die Verkäuferin zeigte uns einen herzförmigen goldenen Anhänger mit schön geschliffenen Steinen, deren intensiv rotbraune Farbe die Herkunft aus Böhmen verriet. „Den nehmen wir", sagte Irma, und damit war der Kauf eigentlich abgeschlossen. Es stellte sich allerdings heraus, daß ich nicht mehr genug Kronen besaß, kein Wunder am Tag der Abreise. Auf meinen Vorschlag, den Differenzbetrag in D-Mark zu bezahlen, ließ sich die Verkäuferin nicht ein. Vielleicht wollte oder durfte sie Fremdwährung nicht nehmen so kurz nach der Wende. „Macht nichts", sagte ich zu Irma, „da draußen, zwanzig Meter weiter, ist eine Wechselstube, da tausche ich den fehlenden Betrag um. Warte du hier im Geschäft, ich bin gleich wieder da."

Die junge Frau in der Wechselstube füllte ein Formular für die gewünschten Kronen und den Gegenwert in D-Mark aus und zählte das Geld auf ein flaches Kunststoffbrett, das sie unter ihrer Glaswand durchschob. Ich unterschrieb und ging wieder zurück in den Juwelierladen, froh, den Kauf nun endgültig abschließen zu können. Dann die Ernüchterung. „Das ist zu wenig", sagte die Schmuckverkäuferin. Und tatsächlich, das Geld war nur etwa die Hälfte dessen, was ich brauchte, was ich ja auch haargenau ausgerechnet und in der Wechselstube gegen meine D-Mark eingetauscht hatte. Mir war die Sache peinlich. „Die hat mich ausgeschmiert, aber das läßt sich nicht nachweisen", sagte ich wütend. Mit dieser Einstellung kam ich allerdings bei meiner Frau nicht gut an. „Du gehst sofort wieder hinüber und forderst den fehlenden Betrag. Das ist Betrug und betrügen lassen wir uns nicht!" Wutentbrannt, wenn auch nicht vom Erfolg meiner Mission überzeugt, ging ich wieder in die Wechselstube. Mein Gesichtsausdruck muß bei der Bankangestellten einen furchteinflößenden Eindruck hervorgerufen haben, denn sie ließ mich gar nicht erst zu Wort kommen, sondern erklärte sofort, es sei gut, daß ich wieder gekommen sei, denn ihr sei ein bedauerlicher Fehler unterlaufen, den sie aber erst nach meinem Weggang bemerkt habe. Ein Teil des Geldbetrages sei nämlich beim Durchschieben durch das Glasfenster von der Unterlage gerutscht und unter eine daneben liegende Schreibmappe geraten. Sie griff in eine Schublade, holte einen Packen Kronen heraus und zählte mir exakt die fehlende Summe hin. Froh, mein Geld bekommen zu haben, bedankte ich mich sogar bei der mutmaßlichen Betrügerin und konnte nun endlich den Kauf im Schmuckladen zu Ende bringen. Unser Auto war auch noch da, wenngleich die damals gängigen Vorurteile durch den Verlauf des Geldwechselgeschäfts nicht weniger geworden waren.

1991

Das Sowjetreich im Umbruch
Trau, schau, wem

Der Sozialismus hatte dem Land nichts gebracht. Rußland war nach über siebzig Jahren Sowjetherrschaft auf dem Stand eines armen Entwicklungslandes. Zwar war mit Gorbatschow und seinen Ideen von Perestroika und Glasnost eine positive Veränderung zu erwarten, aber das brauchte Zeit.

Ich wußte von den Unzulänglichkeiten im Land. Deshalb hatte ich mich mit Geschenkartikeln eingedeckt, wie sie in anderen Entwicklungsländern begehrt waren. Solarrechner im Scheckkartenformat beispielsweise hatte ich im Dutzend billiger bei einer deutschen Werbeagentur besorgt. Aber schon der erste Versuch, ein Exemplar zu verschenken, mißlang. „Schau, dem kleinen Mädchen da, dem gebe ich jetzt so einen kleinen Rechner", sagte ich zu Irma. „Die wird sich gleich riesig freuen!" Aber von Freude konnte bei der Beschenkten gar keine Rede sein. Sie war nämlich eine von vielen Schülerinnen, die mit ihrer Lehrerin auf dem Pracht-Boulevard unterwegs waren. Die Lehrerin hatte den Vorgang bemerkt und das Geschenk sofort an sich genommen. Aber das war vielleicht sogar eine erzieherisch richtige Reaktion bei einem hierzulande so außergewöhnlich wertvollen Geschenk an nur eine einzige Privilegierte.

Wenig später suchte ich mir einen jungen Mann aus, der in einer als Einkaufs - und Tausch – Paradies bekannten Straße stand. Der war hocherfreut über den Rechner und kommentierte den Vorgang so: „Sie müssen ein sehr reicher Mann sein, wenn sie solch wertvolle Dinge einfach herschenken können!"

Später wurden wir dann mit einigen Schattenseiten des postsowjetischen Alltags in Rußland konfrontiert.

Die berühmten Lackminiaturen, die Döschen aus Palech, Cholui, Mstera oder Fedoskino hatten es uns angetan, wir hatten einige der kleinen Kunstwerke gekauft und waren nun mit unserem Bus vor einer Kunstwerkstätte mit integriertem Museum angelangt, wo man die Entstehung der handgemalten Meisterwerke sehen konnte. Der Bus hielt, die russische Reiseleiterin übersetzte uns, was der Fahrer gesagt hatte: „Ich bleibe im Bus sitzen. Sie können alles dalassen. Es ist alles sicher!" Er bleibe ohnehin auf dem Fahrersitz, bis wir wiederkämen. Wir nahmen trotzdem unser Handgepäck und die Mäntel mit, aus einem alten Sicherheitsbedürfnis heraus. Einer der Mitreisenden, ein Evangelischer Pastor mit Tochter, belehrte uns: „Sie können die Sachen doch im Bus lassen, haben sie nicht gehört, was der Fahrer gesagt hat?" „Gehört habe ich das schon. Die Botschaft hör' ich wohl, allein mir fehlt der Glaube", zitierte ich Goethes Faust und stieg aus dem Bus.

Wir kamen etwas vor der vereinbarten Abfahrtszeit wieder zurück. Wir sahen, wie ein kleiner weißer Minibus, der hinter unserem Reisebus gehalten hatte, losfuhr. Da ahnten wir noch nichts Böses. Aber kaum war das Gros der Mitreisenden zurückgekommen, wurde klar, daß Diebe am Werk gewesen waren. Viele vermißten etwas aus ihrem Besitz, unser offizieller Reiseleiter, ein Chinese, beklagte den Verlust einer wunderschönen zitronengelben Lederjacke, anderen fehlte ebenfalls eine Jacke oder ein Mantel. Am schlimmsten hatte es, zumindest seelisch, den Pastor getroffen, dem außer Mantel und Schal sein Fotoapparat fehlte. „Jetzt habe ich alle meine Fotos verloren", jammerte er. „Haben sie vielleicht welche gemacht, die sie mir zukommen lassen könnten?" „Leider nein", antwortete ich. „Ich fotografiere nicht, ich filme!" „Und ihren Mantel können sie mir auch nicht überlassen?" „Tut mir leid, aber den Mantel brauche ich bei den niedrigen Temperaturen schon selber!" Er war ein gottverlassenes Häuflein Elend, der unvorsichtige Herr Pastor, aber ich konnte ihm auch nicht helfen.

Zum Ausgleich wurden uns dann in Kiew vom Hotelpersonal unsere Waschlappen gestohlen. Aber die konnten wir relativ leicht verschmerzen. Wir hatten noch je einen im Koffer.

Nun ja, in Kiew kaufte ich bei einer Schiffahrt auf dem Dnjepr einen Hohen Sowjetischen Orden aus dem Zweiten Weltkrieg, den "Verdienstorden des Großen Vaterländischen Krieges" Er wurde dann leider bei der Ausreise auf dem Leningrader Flugplatz von den Zollbehörden wieder konfisziert. Sie hatten ihn per Röntgenbild bei der automatischen Gepäckkontrolle in meinem Koffer entdeckt. Ich wurde extra im Lautsprecher des Flughafens aufgerufen, der Koffer wurde wieder herbeigeschafft, ich mußte ihn öffnen und das gute Stück – ohne Quittung übrigens – abgeben. Vielleicht hat ihn ja der Zollbeamte an sich genommen und gleich wieder verkauft. Später, in Berlin, konnte ich dann die nämliche Auszeichnung von einem Russischen Soldaten wieder erwerben. Sie liegt heute bei mir in der Vitrine.

Jedesmal, wenn ich den Orden sehe, werde ich daran erinnert, daß ich ihn zweimal bezahlt habe! Er ist mir inzwischen wirklich lieb und teuer!

1992

Denk' ich an Deutschland in der Nacht
Da sind sie in Italien doch ordentlicher

„Von Amalfi nach Sorrent", so hieß die Reise, die wir gebucht hatten. Dabei würden wir auch Neapel wiedersehen, einunddreißig Jahre nach unserem ersten Besuch in dieser quirligen Metropole voller Widersprüche, dem Inbegriff süditalienischer Lebensart, chaotisch, dreckig, bedrohlich, aber gleichzeitig faszinierend und liebenswert.
An meinem Wohnort gab es einen Busunternehmer und Reiseveranstalter, der auch Taxifahrten anbot. Der sollte uns zum kürzlich neu eröffneten Flughafen im Erdinger Moos bringen. Ich ging also in das Reisebüro, fragte, ob auch am kommenden Feiertag – es war Christi Himmelfahrt – ein Taxi zur Verfügung stehe und orderte dann die Fahrt für den frühen Morgen des Abreisetages. Vorsichtshalber vergewisserte ich mich am Vortag noch einmal, ob die Fahrt wirklich in Ordnung gehe, und die Angestellte versicherte mir erneut, diesmal etwas verärgert, es gehe selbstverständlich alles seinen ordentlichen Gang, zumal der Sohn des Unternehmers höchstpersönlich die Fahrt durchführe.
Am Tag des Reisebeginns warteten wir frühmorgens mit gepackten Koffern auf unser Taxi. Zum vereinbarten Zeitpunkt – kein Taxi. Fünf Minuten später – kein Taxi. Zehn Minuten vergingen – immer noch kein Taxi. Nach weiteren fünf Minuten

rief ich bei dem Reisebüro an – und hörte eine Bandaufzeichnung des Inhalts, heute sei ein Feiertag, ich könne aber am nächsten Werktag unter Beachtung der Geschäftszeiten wieder anrufen. Ein Anruf bei der eilends herausgesuchten privaten Telefonnummer des Fahrers endete nach langem Durchläuten mit dem Besetztzeichen. Nun suchte ich die Nummer der Angestellten. Sie meldete sich, ich hatte sie offenbar aus dem Schlaf gerissen. Sehr verärgert und unfreundlich erklärte sie mir, sie könne sich auch nicht erklären, warum der Fahrer nicht käme und wo er sich aufhalte. Ein Anruf bei seinem Vater sei sinnlos, weil die Familie verreist sei. Sie jedenfalls könne mir nicht weiterhelfen.

„Wir müssen mit dem eigenen Wagen zum Flugplatz", sagte ich zu Irma. „Es muß alles ganz schnell gehen, sonst ist der Flieger weg!" Die Schwierigkeit war, daß ich nur wenig Benzin im Tank hatte, weil demnächst die Benzinpumpe ausgewechselt werden sollte und der Mechaniker mir geraten hatte, den Kraftstofftank möglichst leer zu fahren. „Hoffentlich reicht der Sprit noch bis zum Flughafen", sagte ich voller Zweifel, während Irma das Gepäck in den Kofferraum wuchtete. „Ich könnte den Kerl erwürgen!" Das nächste Problem war, daß ich die Strecke zu dem neuen Flugplatz noch nie gefahren war und nicht wußte, welche Route ich eigentlich nehmen sollte. „Ich fahre einfach auf die Autobahn Richtung Nürnberg, da wird die Abfahrt zum neuen Airport doch wohl ausgeschildert sein", meinte ich hoffnungsvoll, als wir endlich unterwegs waren. Die Fahrt verlief reibungslos, wenngleich in der ständigen Sorge, ob das Benzin ausreichen würde. Am Flugplatz war die nächste Schwierigkeit, einen Langzeitparkplatz zu finden in dem unterirdischen Gewirr, aber glücklicherweise war alles ziemlich leer auf den Parkflächen. Dann hetzten wir mit unserem Gepäck durch noch unzureichend beschilderte Gebäude und Stockwerke und erreichten endlich über viel zu langsame Transportbänder atemlos, verärgert und voller Wut kurz vor dem letzten Aufruf den Schalter unserer Fluglinie, wo wir das Gepäck aufgeben und einchecken konnten. Es hatte auch nur deshalb gerade noch geklappt, weil ich für die Anfahrt nach alter Gewohnheit viel mehr Vorlaufzeit einkalkuliert hatte als von den Airlines verlangt.

„Dieser junge Schnösel", schimpfte ich, als wir endlich in der Luft waren und der Flieger Kurs auf unser Zwischenziel Mailand nahm, „der undisziplinierte Kerl. Erscheint nicht zum vereinbarten Termin vor einer Flugreise. Das ist ja der Alptraum jedes Taxikunden. Der hätte uns die ganzen Reisekosten ersetzen müssen. Ich möchte bloß wissen, warum der Idiot uns versetzt hat." „Ich kann mir schon denken, warum", sagte Irma. „Heute ist doch nicht nur Christi Himmelfahrt, sondern auch Vatertag. Vielleicht hat er da was vorgehabt, was ihm wichtiger war." Wir waren beide sehr aufgebracht, konnten uns lange nicht beruhigen und erzählten wildfremden Menschen im Flugzeug und auch auf der zweiten Etappe nach Neapel von dem Desaster, ob die es hören wollten oder nicht.

Nach der Rückkunft von der sonst sehr schönen Reise konnten wir unser Auto in dem riesigen Parkhaus des Airports zunächst nicht ausfindig

machen. Daß andere in den noch unfertigen Flughafengebäuden ähnliche Schwierigkeiten hatten, zeigte uns das Beispiel einer Frau, die verzweifelt ihren Koffer suchte, den sie am Förderband nicht vorgefunden hatte. Sie schilderte uns wortreich ihr Malheur. Dann schrie sie plötzlich „da fährt ja mein Koffer vorbei". Sie rannte einem Mann hinterher, der mit ihrem Rollenkoffer unterwegs war. Ob Versehen oder böse Absicht, wir konnten es nicht mehr erfahren, weil wir ja immer noch auf der Suche nach dem Auto waren. Wir fanden es schließlich in einem etwas versteckten Winkel des Parkareals. Damit war auch dieses Abenteuer überstanden.
Als ich den Schnösel nach der Rückkunft von unserer Reise zur Rede stellte – er hatte es in der Zwischenzeit entgegen meiner Erwartung nicht für nötig gehalten, sich bei uns schriftlich zu entschuldigen – war seine einzige Erklärung, er habe zwei Wecker am Bett gehabt für den doch sehr frühen Termin, er habe aber beide Wecksignale nicht gehört, er habe leider verschlafen.
„Das wäre seinem Großvater nicht passiert", sagte ich später zu Irma. „Der hat die Firma aufgebaut und war immer korrekt." „Da gibt es doch den alten Spruch - die erste Generation erwirbt's, die zweite erhält's und die dritte vertut's" war die lakonische Antwort. „Und auf der ganzen schönen Reise von Amalfi bis Sorrent hat es keinerlei Schwierigkeiten gegeben. Da rede noch einer schlecht über die Italiener!"

Jetzt hatten wir Zeit für die ganze Welt. Und es war, anders als viele Jahre später, alles relativ friedlich!

Ruhestand

16 Episoden 1995 bis 2011

1995

Der Hosendieb von Rejkjavik

Neben den etwa 250000 Einwohnern Islands gibt es im Volksglauben noch die „verborgenen Isländer", das „huldufolk", die Hulden oder Elfen. Etwa die Hälfte der Bevölkerung ist fest von der Existenz dieser „Anderswelt" überzeugt, und die vermuteten Wohnsitze dieser Wesen beeinflußen sogar bisweilen die Linienführung bei Straßenbau-Projekten.

Wir kümmerten uns um solcherlei Aberglauben nicht. Eine Islandrundfahrt hatten wir gebucht, und dazu gehörte auch ein eintägiger Abstecher nach Ostgrönland. Trotz guter Bergstiefel mit grobstolligen Sohlen war ich während einer Filmaufnahme in hügeligem Gelände auf dem glitschigen Überzug aus Flechten und Moosen, der hier die Felsen bedeckt, ausgerutscht und hatte einen Oberschenkelhalsbruch erlitten. Zunächst durch den Schock schmerzfrei, konnte ich den Hügel wieder hinuntersteigen, aber dann war alles aus, ich kam keinen Schritt mehr weiter. Der Reiseleiter holte per Mobilfunk Hilfe herbei. Ein Jeep kam, um mich zum Flugplatz zu bringen. Ich riet Irma, doch wenigstens den Rest der Führung noch mitzumachen. Ich wollte am Airport auf unseren gemeinsamen Rückflug warten. Eine Krankenschwester, weit per Funk herbeigeholt, begutachtete meinen Zustand, sagte, bei Kopfweh gebe es eine Schmerztablette, bei stärkeren Schmerzen zwei, ich aber bekäme drei. Die halfen natürlich nichts. Irma kam zurück mit der Gruppe, besorgt, halb verzweifelt, von mir getröstet. „Das huldufolk mag uns eben nicht", versuchte ich zu scherzen. Im Flugzeug das Bein auf dem bordeigenen Schlauchboot gelagert, nicht schmerzfrei, aber schockgedämpft. Landung in Rejkjavik. Ein Sanka wartete schon. Fahrt zum städtischen Krankenhaus. Von da weiter zum Landeskrankenhaus. Dort Schmerzspritze, Röntgenaufnahme, Diagnose. Versicherung der Ärzte, sie hätten schon viele solche Fälle erfolgreich behandelt. Die seien keine Seltenheit in Island. Ich stünde vor der Wahl: entweder Transport nach Deutschland und Operation dort, oder Operation hier. Ich entschied mich für Rejkjavik. Der Eingriff verlief erfolgreich. Auf dem Monitor konnte ich miterleben, wie die Ärzte durch abenteuerliche Verrenkungen meines rechten Beins die Bruchflächen zwischen Oberschenkelhals und Kugel in die richtige Position brachten und dann mit Schrauben in dieser Lage fixierten.

Irma blieb vorläufig in unserem Hotel. Sie geriet zwar manchmal etwas durcheinander und wußte oft nicht, war es nun zwei Uhr nachts oder zwei Uhr nachmittags – wegen der Mitternachtssonne – aber sie besuchte mich jeden Tag, und das war hilfreich für mich Das Krankenhauspersonal integrierte sie freundlich in den Tagesablauf. Sie brachten ihr sogar eine Essensportion extra, wenn ich meine Mahlzeit bekam.

Zwei Tage lag ich allein in meinem Zweibettzimmer, dann zog ein weiterer Patient ein. Es war ein kleiner, grauhaariger alter Mann. Er kam zu Fuß hereinspaziert, in einem viel zu kurzen Morgenmantel über einem viel zu langen Nachthemd und mit einem Buch in der linken und einem kleinen Köfferchen in der rechten Hand. Seine Siebensachen verstaute er in dem noch freien schmalen Spind neben dem meinen, in dem ich meine etwas umfangreichere Reisegarderobe untergebracht hatte. Was ihm fehlte, war nicht zu erfahren, denn er sprach weder Englisch noch Deutsch.. Da war nun leider jeder Versuch eines Gesprächs sinnlos. Er schien aber nicht ungebildet zu sein, denn er las - in isländischer Übersetzung - in Thomas Manns Buddenbrooks. Am ersten Tag verhielt er sich normal. Auch Irma fiel nichts besonderes an ihm auf. Am zweiten Tag aber bemerkte ich, daß der alte Herr, während ich mit halb geschlossenen Augen vor mich hin döste, meinen Spind öffnete und darin herumwühlte. Hellwach geworden, fixierte ich ihn scharf. Da schloß er ganz schnell die Schranktüre und begab sich eilends zurück auf seinen Stuhl und zu seiner Lektüre. Hatte er die Schränke verwechselt? Wollte er etwas von meinen Sachen entwenden? Um das herauszufinden, schloß ich erneut die Augen und stellte mich schlafend. Nach wenigen Minuten war er erneut bei meiner Spindtüre und machte sich offensichtlich an meiner Kleidung zu schaffen. Ich spielte wiederum den Erwachenden, diesmal langsam und gemächlich, um ihm Zeit zum Rückzug zu lassen. Dann betätigte ich die Klingel und rief eine Schwester herbei. Leise und auf Englisch, das er ja nicht verstand, erzählte ich ihr von meinen Beobachtungen. Sie wollte zunächst partout nicht glauben, daß der Neuzugang möglicherweise ein Dieb sei, der es auf den Inhalt meines Schranks abgesehen hatte. Wie konnte ich sie überzeugen, wie den Wahrheitsbeweis für meine Vermutung liefern? Ich vereinbarte mit dem Mädchen, sie möge sich draußen auf dem Flur bereit halten. Ich wolle mich wieder schlafend stellen. Sollte der Alte sich wieder an meinem Spind zu schaffen machen, so wolle ich ihn gewähren lassen und dann die Klingel drücken. Sie solle auf das Signal hin unverzüglich hereinkommen, damit wir ihn auf frischer Tat ertappen und unwiderleglich überführen könnten. Ich war sehr erleichtert, als sich die Schwester auf diese Detektivposse einließ. Nun kam es darauf an! Ich legte mich auf den Rücken, schloß die Augen bis auf einen Spalt und atmete ruhig und zunehmend gleichmäßiger, wie ein Schlafender. Es dauerte etwas länger als beim letztenmal, dann hörte ich, wie der sonderbare Bettnachbar sich wieder in Bewegung setzte. Er öffnete meinen Schrank, kramte darin herum und holte sodann zu meiner Verwunderung meine Khakihose heraus, mit der er sich schnellstens zu seinem Sessel begab. Ich sah, wie er seinen Morgenmantel ablegte und in meine Hose schlüpfte.

Es war meine einzige! Das kam mir so absurd vor, daß ich beinahe vergessen hätte, die Klingel zu betätigen. „Hoffentlich ist die Schwester noch auf ihrem Posten", dachte ich, aber schon öffnete sich die Tür und sie betrat den Raum. Der alte Mann stand total verdattert da, in meiner Hose, die ihm viel zu lang war und die er vergeblich vorne zu schließen versuchte. „Das ist meine Hose!" klärte ich die Schwester auf. „Er hat meine Hose an, die hat er aus meinem Schrank geklaut!" Sie schaute verdutzt auf seinen Hosenverschluß, an dem er immer noch herumnestelte. Dann raunzte sie ihn barsch und unfreundlich auf isländisch an. Das brachte ihn dazu, die Hose wieder auszuziehen. Wie ein begossener Pudel stand er nun da, halbnackt, meine Hose in der Hand, die sie ihm jetzt mit einer raschen Handbewegung wegnahm, worauf sich der Missetäter wie ein kleines Kind in sein Bett verkroch und uns den Rücken zuwandte. Ich verstand die Zusammenhänge immer noch nicht, aber die eilends herbeigerufene Oberschwester löste das Rätsel. Der Alte habe nicht in der Klinik bleiben wollen, in die ihn seine Verwandtschaft zur Behandlung hatte bringen lassen. Daraufhin sei ihm seine Kleidung abgenommen worden, um ihn am Verlassen des Hauses zu hindern. Und deshalb habe er sich meiner Hose bemächtigt, um darin zu flüchten. „Der Mann muß raus aus meinem Zimmer", sagte ich verärgert zu der Oberschwester. Die aber widersprach: „Das machen wir anders! Wir bringen nicht ihn, sondern Sie in einem anderen Raum unter!" Und sie erklärte mir auch den Grund. Der Mann wisse doch die Zimmernummer. Er käme vielleicht heimlich wieder zurück, um sich erneut meine Hose zu holen. Wenn aber ich umziehe in ein ihm unbekanntes Zimmer, bestehe diese Gefahr nicht. Das leuchtete mir ein, und so kam es, daß mich Irma beim nächsten Besuch nicht mehr im gewohnten Zimmer vorfand. Die Stationsschwester führte sie in mein neues, sozusagen geheimes VIP-Zimmer. Den diebischen Alten waren wir damit zum Glück ein für allemal los. Irma flog nach einer Woche zurück in die Heimat. Ich selbst wurde zehn Tage später per Spezialtransport zur weiteren Behandlung nach München in das Krankenhaus „Rechts der Isar" eingeliefert. Was blieb, war schlußendlich eine künstliche Hüfte, vor allem aber die Erinnerung an eine beinahe gestohlene Hose - von einem alten Isländer – oder war es möglicherweise doch einer der Erdgeister, einer aus der Schar der verborgenen Leute, ein Wesen aus dem „huldufolk"? Wenn man von Island kommt, hält man ja vieles für möglich!

1998

Alte Bekannte in Kapstadt
Die Welt ist ein Dorf

Es ist nicht einfach, den Gipfel des Tafelbergs ohne seine typische Gipfelwolke, das „Tafeltuch", zu besuchen, das ihm zumeist wie eine Kappe auf dem Haupte liegt. Nur wenn eine Brise weht, ist das Gipfelplateau frei und ermöglicht einen grandiosen Talblick. Die Brise darf allerdings nicht zu stark sein, sonst kann die Seilbahnfahrt nicht stattfinden. Das weitgespannte Seil gerät in Schwingungen, der Betrieb muß eingestellt werden. Wir hatten Glück. Beide Bedingungen für Seilbahnfahrt und Talblick waren erfüllt. Oben auf dem Plateau empfingen uns kleine putzige Pelztiere. Äußerlich sahen sie aus wie Murmeltiere. Sie sind aber nicht zu den Nagetieren, sondern unglaublicherweise zu den Elefanten verwandt und heißen Klippschliefer.

Wir wollten den Blick hinunter zum Meer genießen und wechselten deshalb auf die andere Seite des Gipfels, wo sich nur wenige Menschen aufhielten. Plötzlich sagte Irma: „Ich höre da heimatliche Stimmen. Das klingt ja geradeso, als käme es aus der Gegend von Fürstenfeldbruck!" Der anheimelnde Klang kam von einem Ehepaar, das sich über den grandiosen Tiefblick unterhielt. „Wo kommen sie denn her?" wollte meine Frau wissen. „Aus Fürstenfeldbruck", war die Antwort. Im weiteren Verlauf des Gesprächs stellte sich heraus, daß der Ehemann seinerzeit, als junger Mann, bei der Damenwelt als Tanzpartner sehr beliebt gewesen war. Zusammen mit seinem Freund hatte er dann aber eines Tages angekündigt, dies sei ihr letzter Ball hier. Sie seien beide auf dem Sprung, gemeinsam nach Südafrika auszuwandern.

„Wir haben das dann auch gemacht", erzählte er weiter. „Ich habe leider zu früh aufgegeben und bin wieder zurück nach Deutschland". Der Freund aber habe sich mit Zähigkeit durchgebissen. Er habe geschäftlichen Erfolg gehabt und sei deshalb heute Millionär.

Es klingt ein wenig verrückt, ist aber wahr in dieser wirklich ziemlich skurrilen Geschichte: Irma bat zum

Schluß den alten Tanzpartner, einem nahen Verwandten in Fürstenfeldbruck herzliche Grüße aus dem fernen Kapstadt auszurichten. Das soll zu einiger Verwirrung bei dem Adressaten geführt haben. Aber die Welt ist eben ein Dorf!

1999

Indisch für Anfänger
Wenn's nur der Seiltrick wäre

Kein Seiltrick, sondern Tricksereien waren es, die uns zu schaffen machten, wenn wir versuchten, uns abseits der gebuchten Pauschalreise im indischen Alltag zurecht zu finden. Gleich im allerersten Hotel unserer Indienreise in Delhi wurden wir mit dieser unschönen Seite indischer Mentalität konfrontiert.
Wir hatten an der Rezeption US-Traveller-Schecks im Wert von zweihundert Dollar in Rupien umgetauscht, als Erstversorgung in indischer Währung. Der Angestellte hatte den Betrag dem Tageskurs entsprechend in ein Formular eingetragen und dann in der von mir gewünschten Stückelung auf den Tresen gezählt. Ich hatte wie immer in solchen Fällen genau aufgepaßt. Die Summe stimmte. Ich nahm den Packen Scheine, wir gingen hinauf auf unser Zimmer. Dort zählte ich noch einmal nach und mußte zu meinem Schrecken feststellen, daß etwa die Hälfte des Geldbetrages fehlte. Auch mehrmaliges Nachzählen führte zu keinem anderen Ergebnis. „Der hat das Geld mit

einem Taschenspielertrick verschwinden lassen, vor meinen Augen hat er mir alles auf den Tisch gezählt und ich Trottel habe nichts gemerkt. Das Geld ist futsch, da kann man nichts mehr machen", sagte ich resigniert „Und ob wir da was machen können" erwiderte meine Frau in ihrer gewohnt resoluten Art. „Wir gehen sofort hinunter an die Rezeption und klären alles!" Wir also mit dem Geld wieder runter. Der Rezeptionsmensch leugnete alles. Wir müßten uns wohl verzählt haben. Er nahm mir den Packen Rupien aus der Hand und zählte vor meinen Augen genau die richtige Summe auf die Holzplatte. Es stimme doch alles, triumphierte er, mir sei offensichtlich beim Zählen ein Fehler unterlaufen. Ich nahm das Geld, zählte nach, es fehlte tatsächlich nichts. Auch mehrmaliges Nachzählen im Hotelzimmer führte zu keinem anderen Ergebnis. Es fehlte nichts, die Summe stimmte. „Der Kerl hat uns mit dem gleichen Trick, mit dem er vorher einen Teil für sich abgezweigt hat, beim zweiten Mal die richtige Summe auf den Tisch gezählt. Das ist schon eine bemerkenswerte Fingerfertigkeit", sagte ich, „das war eine Meisterleistung des Gauners da unten". „Und gut, daß wir nicht nachgegeben haben", meinte Irma abschließend. „Du wolltest ja gar nichts unternehmen, weil das Geld angeblich futsch war".

Gegen diese Tricksereien war die Geschichte mit der Krawatte direkt harmlos. In einem Schaufenster eines kleinen Lädchens war mir eine schöne Krawatte aufgefallen. Wir betraten das Geschäft, ich sagte dem Geschäftsinhaber meinen Kaufwunsch. Die Krawatte steckte in einer kleinen schön verzierten Schachtel mit Klarsichtfenster, das heißt, es war nur der obere Teil des guten Stücks zu sehen. Die wolle ich kaufen, erklärte ich dem Verkäufer. Der Preis schien angemessen, ich zahlte und erhielt im Gegenzug die Schachtel mit der Krawatte. Die sei reine Seide, erklärte de Ladeninhaber. Was mir nicht auffiel und was ich erst viel später, lange nach dem Urlaub bemerkte, als ich das schöne Stück erstmalig anlegen wollte: Es war gar keine Krawatte drin. Es war nur eine Dekorationspackung mit einem viertel Oberteil, einem Krawattentorso als Schaustück für das Auslagenfenster. Selber schuld, reingefallen, Pech gehabt!

Einer der Höhepunkte auf unserer Reise war laut Prospekt und Ankündigung des Reiseführers Aufenthalt und Übernachtung im Palast eines Maharadschas. Viele der verarmten indischen Fürsten besserten ihr Budget durch Vermietung ihrer sanierungsbedürftigen Prunkbauten an Reisegesellschaften auf, so auch in unserem Fall. Der Palast war weitläufig, aber sein Wohnteil für die Touristen war eng und unbequem. „Schau einmal, wie niedrig die Türdurchgänge sind", sagte ich zu Irma. „Ich muß den Kopf einziehen, sonst komme ich nicht durch. Da hast sogar du Schwierigkeiten. Sei bitte vorsichtig und stoß' nirgends mit dem Kopf an!" Immerhin, wir hatten eine wenn auch unbequeme Bleibe für die Nacht. Nach einem frugalen Abendessen – es wurde im Hof zelebriert – erwartete uns aber eine böse Überraschung. Als ich nämlich in dem an die enge Schlafkammer angrenzenden Badezimmer das Licht andrehte, zum Glück vom Schlafraum aus und ohne den Raum ganz betreten zu haben, geschah das Unglaubliche. Alle Wasserleitungen samt den dazu gehörigen Armaturen standen unter Strom! Ich merkte es daran, daß sich an einer Stelle der Wasserleitung ein Lichtbogen ausbildete wie bei einer Elektro-Schweißung. „Vorsicht", schrie ich. „Geh' ja nicht da hinein. Und nichts anfassen! Das ist ja lebensgefährlich! Ich hole jemanden von der Hotelleitung".

Nach Inspektion durch den Hotelmanager kam ein Elektroinstallateur, der nach Hinzuziehung eines weiteren Vorgesetzten die Leitung immerhin stromlos schalten konnte. Der Lichtbogen verschwand. Als ich den Raum später zum Waschen betrat, war mir nach dem, was vorgefallen war, schon etwas mulmig zu Mute, und Irma ging es nicht anders.

Was mich später ärgerte: als ich den Vorfall der Reisegesellschaft meldete, um derartige lebensbedrohende Szenarien künftig vermeiden zu helfen, bekam ich als Antwort: derlei Vorkommnisse müsse man in einem Land wie Indien in Kauf nehmen, das gehöre einfach zu den Risiken einer solchen Reise. Der Name der Firma war übrigens GeBeCo, Gesellschaft für Begegnung und Cooperation. Sie machte ihrem hochtrabenden Namen jedenfalls keine Ehre! Aber vielleicht hatten sie schon ein wenig von der indischen Mentalität verinnerlicht!

Trotz des Vorfalls schliefen wir ganz gut in jener Nacht. Mir träumte aber, daß über das Gesicht meiner Frau Ameisen liefen. Aufgewacht sah ich dann zu meinem Erstaunen: die Wirklichkeit

stimmte mit dem Traum überein! Es liefen tatsächlich Ameisen über Irmas Gesicht. Wir sprühten den ganzen Raum mit einem Insektenspray aus, dann endlich war Ruhe.
Den indischen Seiltrick konnten wir übrigens während der ganzen Reise leider nicht kennenlernen. „Der wäre mir lieber gewesen als die ganzen Schreckmomente, die wir erleben mußten", sagte Irma, und ich war, wie immer, exakt der gleichen Meinung.

2000

Erzähltes und Erlebtes
Nepalesische Widersprüche

Natürlich hatten wir die beeindruckenden Achttausender mit dem Flugzeug umrundet, hatten unvergleichliche Ausblicke auf den Mount Everest erlebt, den die Nepali Sagarmatha nennen, „dessen Haupt bis in den Himmel reicht." Wir waren tief in Religion und Kultur des Landes eingedrungen, damals noch „Das Hindukönigreich am Fuße des Himalaya." Wir hatten die drei Königsstädte Kathmandu, Bhaktapur und Patan besucht, mit ihren jeweiligen Königspalästen, einer immer prachtvoller als der andere. Unvorstellbar, daß das ganze Kathmandu-Tal noch bis zum Jahr 1951 hermetisch abgeriegelt war, so daß nicht einmal die Bewohner des eigenen nepalesischen Tieflandes hinein konnten. Wir hatten in Bodnath die wunderbare Wiederauferstehung des tibetischen

Buddhismus bewundert, wo nach Verfolgung und Vertreibung durch die Chinesen tibetische Mönche ein neues Buddhistisches Zentrum gegründet haben, und das mitten im Hindu-Staat Nepal, und wir hatten in Pashupatinath die Leichenverbrennungen am Ufer des heiligen Bagmati-Flusses erlebt.

Aber davon will ich nicht berichten, sondern ich will drei kleine Geschichten wiedergeben, die ich von unserem einheimischen Führer Sunil gehört habe und die mir typisch zu sein scheinen für die Lebensart der Nepalesen. Herr Sunil ist ein Angehöriger des Newar-Volkes, der Urbevölkerung des Kathmandu-Tales. Er stammt aus einer alten Brahmanenfamilie in Patan, gehört also der höchsten Kaste an.

Dies ist Herrn Sunils erste Erzählung:

„Ich bin in der Königsstadt Patan aufgewachsen. Hier, in dieser Straße, wo wir jetzt stehen, da drüben steht mein Elternhaus, und in diesem Haus wurde mein Vater, als er ein kleiner Junge war, auf wunderbare Weise vom Tode errettet. Er war an den Pocken erkrankt und lag seit Wochen in einem verdunkelten Raum. Da plötzlich wurde es hell um ihn, und es erschien ein weißer Elefant. Er schüttelte das Kind mit dem Rüssel und sprach: „Warum liegst du so lange? Steh` auf!" Der Junge gehorchte. Drei Tage später war er geheilt! Da beteten alle dankbar zu Ganesha und sie errichteten am Ende unserer Straße einen Tempel für den Elefantenköpfigen Gott."

Und Herr Sunil fuhr fort: „Kommen sie mit, sie können den kleinen Tempel besichtigen, er steht in einem kleinen Pavillon, und sie werden sehen, daß

viele Gläubige innehalten, im Gebet verharren und dem Elefantengott ein Blumenopfer darbringen."
Wir gingen zu dem kleinen Privattempel mit der Ganesha-Statue und spendeten ebenfalls ein kleines Blumengebinde.
Im Verlauf der Reise erfuhren wir, daß Herr Sunil glücklich verheiratet war und Kinder hatte. Auf unsere Frage, wie er denn seine Frau kennengelernt habe, erfuhren wir folgendes:
Herrn Sunils zweite Erzählung:
„Bei uns ist es üblich, daß die Braut von den Eltern des Bräutigams ausgesucht wird. Das ist auch richtig so, denn die Eltern haben doch eine größere Lebenserfahrung und können deshalb eine so wichtige Entscheidung viel besser treffen als ein junger Mensch."
Auf unsere Nachfrage, ob er denn als Bräutigam gar keinen Einfluß auf die Auswahl gehabt habe, fuhr Herr Sunil fort:
„Doch, doch, ich konnte schon mitentscheiden. Ich bekam von den Eltern drei Fotografien mit jeweils einem in Frage kommenden jungen Mädchen. Da konnte ich entscheiden, welche von den dreien es sein sollte. Gesehen habe ich die Braut dann erst bei der Hochzeit. Ich war sehr zufrieden mit der Wahl, die ich so zusammen mit meinen Eltern getroffen habe, und unsere Ehe ist sehr glücklich!"
Es gab auch ganz harmlose und lustige Geschichten, die unser Führer zum besten gab.
Dies ist Herrn Sunils dritte Erzählung:
„Einst mußte ich über die Berge, wo die nächste Reisegruppe auf mich wartete. Allein schien mir aber der Weg zu gefährlich, zumal ich einiges Geld dabei

hatte. Also mietete ich einen Träger. Der verlangte 400 Rupien und fragte nach dem Koffer. Ich erwiderte: „Ich habe keinen Koffer, du sollst nur so mitgehen." Darauf der Träger: „Dann kostet es aber nicht 400, sondern 600 Rupien!" Was blieb mir übrig, ich mußte mich darauf einlassen, wenn es auch nicht logisch war!"

Am vorletzten Tag unserer Nepalreise verließen wir frühmorgens das verträumte Newar-Städtchen Dhulikhel, das uns ganz zauberhafte Ausblicke auf die Sieben- und Achttausender des Himalaya geschenkt hatte. Wir würden in Kürze das Hotel auf dem internationalen Flughafen in Kathmandu erreichen, um dort ein letztesmal vor dem Heimflug zu übernachten.

Schon nach kurzer Zeit aber stockte unsere Fahrt, wir waren in einen Verkehrsstau geraten. Es ging nur noch schrittweise voran, und in der Nähe einer kleinen Ortschaft namens Tangkot ging gar nichts mehr. Nach geraumer Zeit stieg Herr Sunil aus und ging durch die Kolonnen mit laufendem Motor wartender und teilweise laut hupender Fahrzeuge nach vorne, um die Ursache der Störung zu erforschen. Nach langer Zeit kam er zurück. Was war geschehen?

Herr Sunil berichtete:

„Die Bevölkerung hat die Straße gesperrt, so daß im Moment niemand weiterfahren kann. Wie lange das dauern kann, ist völlig ungewiß. Es ist alles sehr schwierig! Die Leute aus der Gegend hier fordern nämlich, daß Regierungsvertreter kommen. Vorher wollen sie den Verkehr keinesfalls freigeben!"

Und er fuhr in seinem Bericht fort:

„Der Grund ist ein Unfall, der hier geschehen ist. Ein Junge vom Stamme der in dieser Gegend ansässigen Tamang kam mit dem Fahrrad zwischen einem Jeep und einem entgegenkommenden LKW zu Fall, wurde aber nur leicht verletzt. Dann aber, so erzählen die Leute, sei er von dem LKW-Fahrer mit voller Absicht noch einmal überfahren worden, diesmal mit Todesfolge. Der Fahrer habe auf diese Weise lebenslange Rentenansprüche des Verletzten vermeiden wollen. Nun gibt es Verhandlungen mit der Polizei. Die Verwandten des Getöteten müssen gesucht und herbeigeholt werden. Vertreter der Regierung sollen schon unterwegs sein. Das Ganze wird noch dadurch erschwert, daß fast an der gleichen Stelle gestern auch schon ein tödlicher Unfall geschehen ist und daß das Opfer ebenfalls ein Angehöriger des Stammes der Tamang war."

Wir warteten mehr als drei Stunden, dann ging es endlich weiter. Als wir die Unfallstelle passierten, sahen wir, daß ein Riesenaufgebot an Polizei und sonstigen Uniformierten die Szene beherrschte. Wir wurden weitergewinkt und konnten im langsamen Vorbeifahren auch den Unglücks-LKW sehen – mit zerschnittenen Reifen und eingeschlagenen Frontscheiben! Wie die Sache weiterging, darüber konnten wir naturgemäß nichts in Erfahrung bringen! Aber was wir gesehen und erfahren hatten, lieferte doch ein denkbar ungünstiges Bild von der moralischen Verfassung in diesem Hindu-Königreich. Nepalesische Widersprüche eben!

2001

Im Hochland von Peru
Die nützliche Droge

Es begann im Wartezimmer einer Arztpraxis. In einem Hochglanzjournal hatte Irma einen Artikel über ein luxuriöses Hotel in der peruanischen Stadt Cusco entdeckt, das Hotel Monasterio, ein ehemaliges Kloster, erbaut im Jahre 1592 auf den Mauern eines Inka-Palastes. Denn Cusco war einst Mittelpunkt des riesigen Inkareichs gewesen, das nicht nur den Norden Perus und das heutige Ecuador umfaßte, sondern bis Bolivien und Chile reichte. „Da könnten wir doch einmal hinfahren" regte sie an. „Das ist doch ein wunderbares Hotel". Also rissen wir heimlich und dezent die entsprechenden Seiten aus dem Journal, und die Reise nach Peru war so gut wie gebucht.
Unser spezielles Reisebüro für Südamerika stellte eine Studienreise aus Einzelbausteinen nur für uns zwei zusammen, mit jeweils einem Führer für jeden Streckenabschnitt.
Lima, die Hafenstadt am Pazifik, wo 1532 Francisco Pizarro, der spanische Eroberer und skrupellose Indianerschlächter mit nur 62 Reitern und 106 Infanteristen, jedoch mit damals überlegener Kriegstechnik landete, war die erste Station. In Arequipa, der „Weißen Stadt", erst vor drei Monaten durch ein starkes Erdbeben teilweise zerstört, verließen wir die Andenrepublik wieder. Dazwischen lagen viele historisch und kulturell bedeutende Stationen.

Cusco natürlich und Puno am Titicacasee, 3856 Meter hoch gelegen, mit den schwimmenden Inseln der Uro-Indianer; Die Colca Schlucht, wo man den Andenkondor beobachten kann, und nicht zuletzt das Inka-Heiligtum Machu Picchu hoch über dem Urubambatal. So hoch liegt es aber gar nicht, nämlich magere 2400 Meter! Cusco, woher wir kamen, liegt hingegen auf 3326 Metern! Wir mußten auf unserer Eisenbahnfahrt erst einmal weit hinunter, ehe es ab Aguas Calientes wieder bergauf ging. Man sieht es deutlich an den Zahlen: Es sind große Höhenunterschiede zu überwinden, und weil die Reisenden so schnell und ohne Zeit zur Anpassung mit Flugzeug, Eisenbahn oder Bus unterwegs sind, besteht die akute Gefahr einer Höhenkrankheit, der es vorzubeugen gilt.
Als Mittel dagegen bieten deshalb alle Hotels in Peru Coca-Tee als kostenlose Serviceleistung an. Das hilft unter Garantie! Die Droge ist auch bei den einheimischen Bauern und Arbeitern als probates Mittel gegen Müdigkeit und Hunger in Form einer Art Kautabak sehr beliebt. Wir hatten uns an das wohlschmeckende und erfrischende Getränk so gewöhnt, daß Irma am Ende der Reise anregte: „Der Coca-Tee schmeckt so gut, davon möchte ich unbedingt was nach Hause mitnehmen. Da besorgen wir uns noch ein paar Beutel davon! Wo gibt es den eigentlich zu kaufen?" Ich klärte sie auf: „Also, kaufen kann man den Tee in jedem Supermarkt hier, das ist gar kein Problem. Aber aus Cocablättern wird auch Kokain hergestellt, und das ist ein Rauschgift. Deshalb darf auch der Tee nicht nach Deutschland eingeführt werden. Besitz und Einfuhr sind bei uns

strafbar. Das mußt du dir aus dem Kopf schlagen!"
„Schade", bedauerte Irma, „wo er doch so gut schmeckt!" Als wir daheim aber einem befreundeten Ehepaar von unserem Coca-Konsum in Peru erzählten, merkten wir, wie tabuisiert und mit Vorurteilen stigmatisiert die angebliche Droge hierzulande ist. Die beiden ließen uns nämlich überdeutlich spüren, daß wir in ihren Augen so etwas wie drogensüchtige Junkies waren, mit denen man vielleicht gar nicht mehr verkehren könne, ohne selbst Schaden an der Seele zu nehmen. Sie sahen uns an, als seien wir Aussätzige. Es war eigentlich beleidigend! Nach dieser Erfahrung hüteten wir uns wohlweislich, auch anderen Bekannten oder gar der näheren Verwandtschaft irgend etwas von unserem harmlosen, eigentlich nur vor Höhenkrankheit schützenden Coca-Tee zu erzählen! Vorurteile sollte man nicht durch Geschwätzigkeit unterstützen! Immerhin: Wir hatten eine Lektion bekommen, was von manchen Freundschaften zu halten ist. Und das ist doch auch was wert!

2002

Clownerien in Santiago de Chile
Pisco Sour jeden Tag

Eine lange Reise lag hinter uns. Beginnend in Montevideo hatten wir nach Uruguay große Teile Argentiniens von Buenos Aires bis zur südlichsten Stadt der Welt – Ushuaia - kennengelernt, hatten Feuerland besucht und den Beagle-Kanal befahren, hatten im Süden Patagoniens Gletscher kalben sehen und am Lago Argentino den Anden-Kondor beobachtet. Wir hatten Chile erstmals in Magallanes, der südlichsten Provinz des Landes, betreten, konnten später das Paine-Massiv mit den berühmten Torres durchwandern und waren nun endlich am Endpunkt der ganzen Tour in Chiles Hauptstadt Santiago angekommen. Wir waren keine Gruppe, sondern nur zu zweit, aber alles war doch als gebuchte Studienreise mit ständig wechselnden Führern abgelaufen. Die Dame, die uns hier als besondere Attraktion das feudale Wohnviertel zeigte, wo Margot Honecker, die Witwe des vormaligen DDR-Staatsratsvorsitzenden, ihren Lebensabend verbrachte, war endgültig die letzte in der Reihe aller im voraus gebuchten Reiseleiter. Jetzt hatten wir mehrere Tage zur freien Verfügung.

Unser Hotel Carrera war ein Nobelhotel allererster Klasse, die absolute Spitzenadresse in Santiago. Aber das beste daran war zweifellos die Lage an der Plaza de la Constitución, mit direktem Blick auf den Präsidentenpalast. „Du, da ist ein militärisches Spektakel zu sehen auf dem Platz", trieb mich Irma zur Eile an, „da müssen wir unbedingt hinunter!" Der ganze Platz bot ein faszinierendes militärisches Schauspiel. Mit der Präzision eines Uhrwerks und unter den mitreißenden Klängen deutscher Marschmusik vollzogen die nach preußischem Reglement ausgebildeten Elitesoldaten das Zeremoniell der Wachablösung, alles unter dem Beifall der begeisterten Zuschauer. Nach dem Ende der offiziellen Schau konnte Irma dann sogar recht nett mit den beiden hünenhaften wachhabenden Offizieren am Eingang des Palastes plaudern.

Im historischen Zentrum der Stadt hingegen, an der Plaza de Armas, herrschte ein lebhaftes und buntes Treiben. Allerlei Künstler, Gaukler, Clowns und Pantomimen unterhielten hier die Passanten mit ihren Darbietungen. Einer davon, ein Clown im grünen Frack mit grellweiß geschminktem Gesicht zog sogar vorüberfahrende Autos in seine Späße mit ein, öffnete deren Türen und zwang sie so zum Anhalten. Dann wandte er sich den Zuschauern am Gehsteig zu. Er pickte sich ausgerechnet meine Frau aus den vielen Menschen heraus, zog sie an der Hand aus der Menge, führte sie zur Mitte des Fußgängerbereichs und zog dort mit ihr und seinem Hut eine bühnenreife pantomimische Schau ab, an der Irma mit viel Fantasie und Humor mitwirkte, alles unter dem beifälligen Gelächter des Publikums. Dann kam ich an der Reihe. Bei mir sollte sein Koffer eine tragende Rolle spielen, den ich ihm aber, für ihn offenbar ziemlich unvermutet, wegnahm und mit dem Inhalt - einer hölzernen Revolverattrappe - meine eigene Schau in Szene setzte, zum hörbaren Vergnügen der Zuschauer. Warum der Künstler sich ausgerechnet uns beide für seine Späße ausgesucht hatte, blieb sein Geheimnis. Aber wir machten ja gerne mit. Spaß muß schließlich sein! Als wir am Abend das Carrera betraten, hatte die Kunde von unserer Premiere als Pantomimen schon die Rezeption erreicht. Einer der Manager am Empfang, im schwarzen Anzug, seriös, wie es sich für ein First-Class-Hotel gehört, empfing uns nämlich mit den Worten: „Ich habe sie heute schon gesehen, auf dem großen Platz!". Wir nahmen die Kunde von dem künstlerischen Ruhm, der uns da vorausgeeilt war, gelassen zur Kenntnis!

An der Hotelbar waren wir schon bekannt wegen unserer Vorliebe für ein spezielles Getränk aus der Region. „Pisco Sour, do you want Pisco Sour?" fragte der Barkeeper, und wir bejahten jedes Mal, weil wir uns an diesen wohlschmeckenden Cocktail regelrecht gewöhnt hatten.

Über den Pisco Sour gibt es eine amüsante Geschichte zu erzählen: Der Cocktail war nämlich ursprünglich eine rein peruanische Spezialität. Dort gibt es ein Dorf Pisco, und ausschließlich dort wurde die Grundsubstanz des Getränks, ein Schnaps aus den in der Region wachsenden Muskatellertrauben, gebrannt. Die Peruaner wollten im Jahre 1939 den Markennamen Pisco Sour gesetzlich schützen lassen. Aber der damalige chilenische Präsident machte ihnen mit einer genialen Idee einen Strich durch die Rechnung. Er taufte nämlich einfach ein chilenisches Dorf auf den Namen Pisco um, und ab da war der Pisco Sour ein chilenisches Getränk! Vielen Dank dafür, uns hat's gut geschmeckt!

2001

So leer wird's nie wieder sein
In Dubai nach dem 11. September

Nach Dubai wollten wir fliegen und von dort aus drei der sieben Vereinigten Emirate besuchen. Nach alter Gewohnheit wollten wir aber nur Flug und Hotel fest buchen. „Die Ausflüge organisieren wir dann vor Ort selbst, mit Hilfe der dortigen deutschen Reiseleitung, die auch für das Hotel zuständig ist. Das hat sich bisher bei vielen Kurzreisen bewährt", schlug ich vor. Der tüchtige Sachbearbeiter in dem bewährten Münchener Reisebüro sah kein Problem. „Es gibt noch einige günstige Flüge mit den „Emirates", sagte er, „und ein schönes Stadthotel kann ich ihnen auch anbieten". Das war im August. Im September wurde das World Trade Center in New York durch einen Terrorangriff zerstört. Eine Woche später waren wir wieder in München, um die Reise zu bestätigen, für den November. „Wollen sie da wirklich hin?", fragte der Vermittler. „Da reist jetzt überhaupt niemand hin, nach den Anschlägen!" „Aber wieso denn nicht?", war meine Reaktion. „Der Anschlag war doch in New York! Deswegen besteht doch keine erhöhte Terrorgefahr in den Emiraten. Das ist doch reine Hysterie!" „Wie sie meinen", war die Antwort. „Jetzt gibt's Hotelzimmer en masse und Flüge auch!"

Es zeigte sich allerdings, daß vieles anders war als sonst! Am Emirate-Schalter waren wir fast die einzigen Passagiere, dafür gab es aber ungewöhnlich gründliche Sicherheits-Checks. Landung und Check-Out in Dubai verliefen normal. Am Airport aber kein deutscher Reiseleiter, im Vertragshotel ebenfalls nicht. Am nächsten Tag der entsprechende Schalter im Hotel verwaist. Ein Anruf beim Stadtbüro der Firma ergab dann die Gewißheit: Die deutsche Reiseleitung hatte alle Aktivitäten eingestellt und

wollte mangels Masse keine Ausflüge für uns organisieren. „Es sind keine Interessenten da, es kommt ja niemand nach den Anschlägen".
Solcherart vom deutschen Servicepersonal zur unwichtigen Null degradiert, mußte ich nun selber tätig werden, durch die Einschaltung einheimischer Reiseunternehmen.
Zunächst aber wollten wir die Stadt Dubai näher kennenlernen. Der Manager unseres Stadthotels vermittelte einen Lunchbesuch in dem damals höchsten Hotelturm der Welt, dem 321 Meter hohen, auf einer künstlichen Insel vor der Küste im Meerwasser errichteten Burj al Arab. Er prüfte sogar, ob wir angemessen gekleidet waren für dieses Super-Luxus-Hotel. So kontrollierte er zum Beispiel, ob ich auch eine Krawatte trug! „Sie sind die einzigen", sagte er. „Gut, daß sie ins Restaurant wollen. Wir vermitteln ja sonst eher nur Besichtigungstouren für ganze Reisegruppen. Aber im Moment kommt ja niemand!" Wir waren ganz froh darüber, denn als Einzelreisende konnten wir doch alles viel entspannter erleben, ohne lärmende Meuten von Touristen um uns herum.
Wir speisten in dem unterhalb der Wasseroberfläche um ein riesiges Aquarium herumgebauten Seafood-Restaurant. Es schmeckte hervorragend. In dem Becken neben uns tummelten sich Haifische. Im Lokal gab es außer uns nur arabische Gäste, die Herren traditionell gekleidet in weiße, hemdähnliche, langärmelige baumwollene Dishdashas Die Damen trugen zu ihrem schwarzen, den ganzen Körper verhüllenden Seiden-Überwurf, der Abbaya, ein ebenso schwarzes Kopftuch. Diese Gäste gehörten

sichtbar der absoluten Oberschicht an, möglicherweise waren es sogar Angehörige der regierenden Scheichdynastien, da waren wir freilich eine Minderheit!
Aber auch in den ganz normalen Stadtbezirken gab es kaum Touristen. Wir setzten über Al Khor, den Dubai-Creek, nach Bur Dubai über, das in normalen Zeiten von organisierten Reisegruppen buchstäblich überschwemmte Einkaufsviertel der Stadt. Aber auch im Spice-Souk sahen wir nur arabische Frauen beim Einkauf von Gewürzen fürs Kochen und von Henna für die Schönheit, nämlich zum Färben der Haare, aber auch der Hände.. Auch im Gold-Souk, wo das Edelmetall - egal in welcher Verarbeitung - nach Gewicht und zu konkurrenzlos günstigen Preisen verkauft wird, deckten sich ausschließlich tiefverschleierte Damen der wohlhabenden arabischen Gesellschaft ein. Wir sahen staunend, wie das Gold in großen Mengen über den Ladentisch ging!
„Jetzt wollen wir `raus aus der Stadt!", sprach ich unseren Hotelmanager an. „Können sie uns eine Tour über Land und in die nächstgelegenen Emirate anbieten?" Er wurde sofort tätig, und im Handumdrehen hatten wir einen arabischen Führer samt Geländewagen zur Hand, der uns zu den gewünschten Zielen bringen wollte. Ich wunderte mich, daß alles so schnell und ohne große Wartezeit klappte, aber der Manager klärte mich auf: „Sie sind die einzigen, die eine solche Tour wünschen", sagte er. „Es sind eben keine Touristen da!" „Wegen der Anschläge", sagte ich, „aber die waren ja in New York und nicht hier!" „Das können die Leute nicht

unterscheiden", klärte er mich auf. „Die halten jetzt alle arabischen Länder auch für gefährdet". Uns war es egal. Wir profitierten gerne von den Fehleinschätzungen moderner Massenmenschen.
Der Fahrer zeigte uns das Emirat Sharjah mit seinem Dhau-Hafen, wo die historischen Schiffe für die Fahrt über den indischen Ozean beladen werden. Wir waren die einzigen Fremden! Ein riesiger Straßenmarkt für Obst, Gemüse und Töpferwaren im Dorf Masafi bot das gleiche Bild: außer uns nur Einheimische! Wir genossen es dankbar. Die Weiterfahrt durch das Hajar-Gebirge brachte uns in das Sultanat Oman, dann erreichten wir das Emirat Fujairah, wo wir im Hotel Hilton Fujairah als wiederum einzige Ausländer unter lauter weißgewandeten arabischen Geschäftsleuten sehr gut dinierten. Nach einer erholsamen Nacht in einem luxuriösen Doppelzimmer Rückfahrt nach Dubai. Hier hieß es Abschied nehmen von einer gastfreundlichen Region – die wir so leergefegt von lärmenden Touristengruppen wohl nie mehr erleben werden!

2003

Und plötzlich bist du Analphabet
Handtaschenkauf in Tokyo

Wer wissen will, wie Analphabeten ticken, der sollte versuchen, ohne ortskundige Begleitung oder einen einheimischen Führer in den Straßenschluchten von

Tokyo eine bestimmte Adresse zu finden. Wir waren in dieser Situation, und uns wurde buchstäblich angst und bange bei der abenteuerlichen Aufgabe, ein Geschäft wiederzufinden, in dem Irma während einer geführten Stadtbesichtigung eine schicke Design-Lederhandtasche entdeckt hatte. Im Vorbeigehen hatte sie das Objekt ihrer Begierde im Schaufenster gesehen. Wir waren schnell in den elegant ausgestatteten Laden gehuscht, hatten den zum Glück englisch sprechenden Verkäuferinnen gesagt, sie sollten die Tasche für uns zurücklegen, wir kämen nach der City-Tour wieder zurück, um zu bezahlen und die Ware abzuholen. Die netten Verkaufsdamen ließen sich zum Glück auf den für sie risikolosen Deal ein. Erleichtert und in Eile rannten wir wieder nach draußen, um nur ja den Anschluß an die Gruppe und unseren Reiseleiter nicht zu verlieren. Noch einige Sehenswürdigkeiten, dann vorbei an einer auffälligen Leuchtreklame mit einer grellen Laufschrift, und nun ging es mit der Subway zurück, zurück zu unserem Hotel, wo wir ja jetzt aber gar nicht hinwollten. Der Reiseleiter, in unsere Taschenkauf-Pläne eingeweiht, warf uns nach zwei Stationen in der für uns falschen Richtung mit den Worten „schnell raus jetzt" buchstäblich aus dem Abteil. Wir sollten die zwei Stationen wieder zurückfahren und dann das U-Bahngelände verlassen. Den Platz mit unserem Taschengeschäft würden wir ja wohl wiedererkennen! Leichter gesagt als getan! „Also ich weiß nicht, ob wir das schaffen", sagte ich, und in meiner Stimme muß eine Portion Resignation mitgeschwungen haben, denn Irma fragte ängstlich:: „Aber zurück ins Hotel finden wir schon wieder?" „Ich hoffe es", war meine wenig aufmunternde Antwort. Die Stationen waren zweisprachig in japanischer und englischer Schrift beschildert. Aber es war immer nur die nächste Station in beiden Fahrtrichtungen angegeben, so daß wir partout nicht herausfanden, in welcher Richtung wir denn nun die vom Reiseleiter empfohlenen zwei Stationen fahren sollten. Leute ansprechen funktionierte auch nicht, weil keiner der Angesprochenen Englisch verstand. Dann aber kam die erlösende Wende in Gestalt eines zierlichen jungen Mädchens mit Mundschutz, den viele hier als vorbeugende Maßnahme gegen Infektionen trugen. Sie nahm die Binde ab, und zu unserer großen Freude sprach sie englisch! Jetzt schien alles gewonnen! Wir erklärten der freundlichen Dame, wohin wir wollten. Den Namen des Ladens wußten wir zwar nicht, wohl aber die Straße. Da seien wir total verkehrt, klärte uns der hilfreiche Schutzengel auf. Wir sollten ihr folgen. Sie rannte voraus, wir hinterdrein, schier endlos durch ein verwirrendes Labyrint unterirdischer Gänge. Dann eine neue Station. Dies sei die richtige Linie! Drei Stationen Fahrt, dann seien wir am Ziel. Oben würden wir dann unsere Straße mit dem Laden wohl finden. Wir bedankten uns nach Landessitte mit einer Verbeugung bei unserer Retterin und fuhren im Lift hinauf in die Oberwelt. Aber da erwartete uns der totale Desorientierungsschock – ein Platz mit einer Vielzahl von Abzweigungen und Seitenstraßen, entsprechend viele Wegweiser, aber alle Schilder ausschließlich japanisch beschriftet! Alle Richtungen waren möglich, eine nur kam in Frage, aber welche?

„Ich werd' verrückt", knurrte ich, „das ist ja noch viel schlimmer als unten in der Subway!" Dann aber geriet die auffällige Leuchtreklame mit den laufenden Schriftzeichen wieder in unser Blickfeld, und jetzt war plötzlich alles klar. Ein einfaches optisches Signal hatte unser Gedächtnis reaktiviert, die ganze Situation kam uns nun wohlbekannt vor. Auf Anhieb fanden wir den Weg zu unserem Taschengeschäft. Dort empfingen uns die Verkäuferinnen mit großem Hallo. Sie lachten und begrüßten uns wie alte Freunde. Wir machten den Kauf perfekt, die Tasche wurde zusammen mit ein paar Gratis-Accessoires verpackt und uns dann in einem beinahe rituell anmutenden Zeremoniell übergeben. Zum Schluß erklärten uns die Damen den Weg samt Untergrundstationen zurück zu unserem Hotel. Sie überreichten uns sogar einen Zettel mit einer einfachen, aber anschaulichen Skizze der gesamten Route, nun konnte nichts mehr schief gehen. Als wir im Hotel ankamen, empfing uns unser Reiseleiter sichtlich erleichtert. Insgeheim waren ihm wohl Zweifel gekommen, ob er uns allein in die Straßenschluchten der Metropole hätte entlassen dürfen, als hilflose Analphabeten mit sicher zu erwartenden Orientierungsproblemen. Aber dank japanischer Hilfsbereitschaft hatten wir nun ja unsere Bewährungsprobe als des Lesens unkundige Stadtstreicher bestanden, in dieser in ihrem Mix aus alter Kultur und moderner Hochtechnologie äußerst interessanten, aber doch auch recht fremdartigen Riesenstadt Tokyo! „Jetzt weiß ich wenigstens, wie sich Analphabeten fühlen", sagte ich. „Schön ist das nicht!" „Aber die wirklichen

Analphabeten sind's ja gewöhnt", meinte Irma abschließend, „uns aber hat alles ganz unvorbereitet getroffen, das ist schlimmer!"

2003

Haftverschonung in Costa Rica
Wie die Polizei unsere Weiterreise möglich machte

Kaffeeplantagen in der Meseta Central, Bananenanbau in der karibischen Küstenebene, riesige, noch tätige Vulkane im Parque National Volcan Poás, Kolibris, Schmetterlinge, Nasenbären, und Brüllaffen; an der Karibikküste im Nationalpark Tortoguero Sümpfe, Dschungel, dichter Regenwald, zum Teil nur mit dem Boot erreichbar - eine Reise nach Costa Rica ist ein Landschafts- und Naturerlebnis. Das alles hatten wir durchlebt, mit einem Führer von geschätzten fünfunddreißig Jahren, der hörbar aus Sachsen stammte. Er wirkte wie ein nicht ganz seriöser kleiner Glücksritter auf uns, ein Windhund, der aber als Reisebegleiter ganz brauchbar war. Über sich sprach er nicht viel, dafür erzählte er um so mehr über einen Kollegen, ebenfalls Reiseführer, ebenfalls aus Sachsen. Der habe es hier zu relativem Wohlstand gebracht, indem er eine achtzigjährige reiche Witwe geheiratet habe. Nach dem Ableben der alten Dame und Antritt der Erbschaft sei er nun mit einer Jüngeren verheiratet. Die sei erst sechzig. Mich beschlich bei seinen Erzählungen das leise Gefühl, daß er selber der geschilderte Spitzbube und Filou war, er also verklausuliert seine eigene Geschichte zum Besten gab. Aber wissen konnte man das nicht! Was wir wußten war, daß er in der Hauptstadt San José in diversen Bars verkehrte und daß er uns zu einem gemeinsamen Besuch eines solchen Etablissements bringen wollte. Doch das vermieden wir tunlichst während der wenigen Tage, die wir in der sonst eher nichtssagenden Hauptstadt verbrachten. Es kam der Tag, an dem er uns an die Grenze zu Panama bringen sollte. Um acht Uhr früh sollte er uns im Hotel abholen. Wir waren bereit, warteten mit gepackten Koffern in der Lobby, aber er kam nicht. Als er um zehn immer noch nicht aufgekreuzt war, rief ich beim örtlichen Reisebüro an. Die wußten von nichts, wollten sich aber informieren. Dann der Rückruf:: „Es wird noch ein paar Stunden dauern!" Gründe konnten oder wollten sie nicht nennen. Kurz vor zwölf kam er dann, schuldbewußt und total verstört. Er sei in der Nacht verhaftet worden und habe die ganze Zeit auf der Polizeistation verbracht Die Polizisten hätten ihn auch weiterhin festhalten wollen. Erst als sie erfuhren, daß er unbedingt zwei deutsche Touristen an die panamaische Grenze bringen müsse und als das durch ein Telefonat mit der Reiseleitung bestätigt worden sei, habe sich das Blatt gewendet. Er solle diese wichtige Mission noch zu Ende bringen, habe man ihm gesagt. Dafür erhielte er Freigang für diesen einen Tag. Danach aber werde er wieder festgesetzt. Was ihm eigentlich vorgeworfen wurde, das erfuhren wir allerdings nicht von ihm!

Nun konnten wir endlich losfahren, zwar um Stunden verspätet, aber doch mit einer guten Chance, die jenseits der Grenze auf uns wartenden panamaischen Reisebegleiter dort anzutreffen. Kurz vor Cartago, der ehemaligen Hauptstadt Costa Ricas, gingen wir in ein Restaurant zum Essen. Der Fahrer und unser Führer im Freigang waren eingeladen – eine Art vorgezogene Henkersmahlzeit für den vermutlichen Missetäter. In Cartago selbst, der zweitgrößten Stadt des Landes, besuchten wir die wichtigste Wallfahrtskirche Costa Ricas, die Basilica de Nuestra Senora de los Angeles, wo La Negrita, ein kleines Figürchen einer Mulattin, schon viele Gläubige von Krankheiten geheilt oder auch sonstige Wünsche erfüllt hat. Wie immer beim Besuch einer neuen Kirche stifteten wir zwei Kerzen. Dabei sahen wir zu unserem Erstaunen, daß auch unser sächsischer Filou eine Kerze entzündete und sogar betete. Dann ging es bei strömendem Regen auf der Panamericana zur Grenze, die wir an der romantisch-altmodisch-abenteuerlich wirkenden Station Paso Canoas überschritten.

Vielen Dank, liebe costaricanische Polizei, daß ihr in einem Anflug von Nächstenliebe euere Dienstvorschriften mißachtet und diese Fahrt ermöglicht habt. Wie es mit dem mutmaßlichen sächsischen Übeltäter weiterging, das haben wir allerdings nie erfahren!

2003

Kein Flug mehr nach Panama City
Kein Nachteil ohne Vorteil

Nach Passieren der Grenzübergangs Paso Canoas, spät am Abend und bei strömendem Tropenregen, übernahm ein einheimischer Reiseführer zusammen mit einem jungen Assistenten unsere Betreuung. Wir verbrachten die erste Nacht auf panamaischem Boden in einem Hotel im Schweizer Stil im Parque Internacional La Amistad. Am nächsten Tag eine Wanderung durch den Nebelwald und der Besuch einer Orchideenfarm, eine weitere Übernachtung, dann ging es zum Flughafen in David, wo, so glaubten wir, unser Flugzeug nach Panama City auf uns wartete. Der Führer verabschiedete sich, wir gingen zum Check-in-Schalter. Dort erlebten wir eine unvermutete Überraschung, man kann auch sagen einen Schock! In der Maschine, die uns in die Hauptstadt bringen sollte, sei nur noch ein einziger Platz frei! „Aber ich habe doch genau diesen Flug gebucht, schon vor einigen Wochen, in München schon!" Daraufhin große Verwirrung bei den Schalterbeamten. Dann des Rätsels Lösung: Nicht für heute sei der Flug nach Panama City gebucht worden, sondern für die vergangene Woche. Vor sieben Tagen seien in der Maschine zwei Plätze für uns reserviert gewesen, wir seien aber nicht erschienen! Jetzt platzte mir der Kragen. „Das ist doch nicht mein Fehler," sagte ich, „den Fehler haben schon sie gemacht!" Ich verlangte ein Telefon und rief bei unserem Reisebüro in München an. Zum Glück war die Zeitdifferenz zwischen hier und dort so, daß überhaupt ein Gespräch zustande kommen konnte, aber die Leutchen konnten sich die Sache auch nicht erklären. Sie rieten mir, es bei ihrem hiesigen Vertragspartner in Panama zu versuchen. Der versprach, sich des Problems anzunehmen, nachdem er mit Verzögerung die Zusammenhänge kapiert hatte. Nach vielen weiteren Telefonaten und mehr als einer Stunde war die Sache endlich geklärt. Die bedauerliche Fehlbuchung werde so abgeändert, daß wir mit der heutigen Nachmittagsmaschine, also in etwa acht Stunden, gemeinsam nach Panama City fliegen könnten. Uns fiel ein gewaltiger Stein vom Herzen!

„Ich will aber jetzt nicht acht Stunden am Flugplatz herumsitzen," eröffnete ich dem Schalterbeamten. „Ich möchte in der zur Verfügung stehenden Zeit die Stadt David besichtigen. Und da fahren sie mich bitte hin! Sie haben schließlich den Buchungsfehler gemacht, nicht ich!" Der Arme war völlig überfordert, telefonierte aber mit seinem Chef. Ich bekam mit, daß es um die Kosten des Transfers ging und wer die zu tragen habe, eine Diskussion, in die ich mich nicht einmischen wollte. Es ging dann so aus, daß uns eine Flughafenbedienstete in ihrem Privatwagen nach David brachte, was wir auch dankend in Anspruch nahmen.

Der Besuch in der malerischen Hauptstadt der Provinz Chiriqui war dann sogar recht lohnend. Am Parque Central herrschte ein buntes Treiben von allerlei fröhlichem Volk, von Gauklern und Tänzern, aber auch von Künstlern, die mit

Farbsprüh-Flaschen hübsche Gemälde erzeugten. In einem kleinen Café konnten wir überdies noch Kaffee und Kuchen genießen, bevor die Angestellte uns wie vereinbart wieder zum Flughafen zurückbrachte.

Wegen des Buchungsfehlers durften wir dort die verbliebene Wartezeit in der VIP-Lounche verbringen. Von diesem Standort aus konnten wir dann, sozusagen als Belohnung für die ganzen Aufregungen, die Ankunft einer Regierungsmaschine beobachten, aus der zu unserer Überraschung die amtierende panamaische Präsidentin Mireya Moscoso ausstieg, die der Region Chiriqui offenbar einen offiziellen Besuch abstattete. So hatte sich die ganze Misere schlußendlich doch irgendwie ins Gegenteil gekehrt.

Der Flug nach Panama City dauerte etwa eine Stunde und verlief ohne Schwierigkeiten. Beim Landeanflug konnten wir in der Abenddämmerung erstmalig den Panamakanal sehen und gleichzeitig beide Ozeane, die er verbindet, den Pazifischen Ozean und das Karibische Meer. Dann fuhr uns ein Taxi zu unserem Hotel Miramar Intercontinental, wo wir von einem freundlichen dunkelhäutigen Empfangschef begrüßt wurden, der fortan als besorgter Majordomus für unser körperliches und seelisches Wohlergehen sorgte.

Die weitere vorgebuchte Besichtigungstour verlief ohne außerplanmäßige Zwischenfälle. Ach ja, ein Vorkommnis ist doch der Erwähnung wert:

Im Rahmen der Fahrt mit Eisenbahn, Bus und Geländewagen, immer am Kanal entlang von Panama-Stadt bis nach Colón, besuchten wir auch ein Dorf der Emberá-Indianer. Deren ursprüngliches Wohngebiet war in den Fluten des Bayano-Stausees versunken, der als riesiges Wasserreservoir für den Kanal dient. Den Indianern gehört ein großer Teil des Nationalparks Chagres, den sie auch selbst verwalten. Die Ansiedlung ist nur mit einem Motorboot zu erreichen. Die Fahrt war abenteuerlich, ein starker tropischer Regenguß nahm uns fast die Sicht. Bis auf die Haut durchnäßt erreichten wir das Dorf aus einfachen Palmhütten. Freundlich empfangen von den bis auf einen Lendenschurz nackten Bewohnern erlebten wir Gastfreundschaft pur. Der Kazike, der Bürgermeister der Gemeinde, erklärte alles. Neben Gesängen und Tänzen, an denen wir auch selber teilnehmen konnten, war unter einem Baldachin eine festliche Tafel gedeckt. Zwar hatten wir Bedenken wegen der Bekömmlichkeit der Speisen, aber aus Höflichkeit konnten wir nicht ablehnen.

Die Konsequenz ergab sich fast zwangsläufig, denn ich habe seit jeher einen empfindlichen Magen. Der revoltierte gleich bei der Rückkehr ins Hotel. Ich schaffte es nicht mehr bis zur Toilette, und so geschah es, daß sich mein Mageninhalt auf die schönen Fliesen im Eingangsbereich ergoß. Der Majordomus, der alles mit angesehen hatte, kam herbei. Meine Frau bat ihn um einen Putzlappen. Aber der Gute winkte ab. Selbstverständlich mache er das für die verehrten Gäste des Hauses. Und wie ich mich jetzt fühle, wollte er wissen. Als Irma meinte, eine Portion schwarzer Tee wäre jetzt das Richtige, widersprach er heftig. Seine Großmutter habe in derlei Fällen die Sache immer mit einem

Glas Bier ausgeheilt. Das helfe zuverlässig.. Wir waren stur und blieben lieber beim Tee. Selbst als wir längst auf unserem Zimmer waren, rief er ein paarmal an und erkundigte sich wie eine besorgte Mama nach meinem Befinden, und sogar am folgenden Tag fragte er noch mehrmals nach, wie es mir gehe, und ob ich nicht doch lieber, den Erfahrungen seiner Großmutter folgend, die Heilkraft des Bieres nutzen wolle.

Kann man sich eine größere Aufmerksamkeit wünschen?

2004

KO in Sidney
Alarm in der Hotel-Suite

Eine Rundreise durch ganz Australien hatten wir gebucht, Startpunkt Sidney. Das Programm war umfangreich, aber leider war ein Besuch der schönen, multikulturellen und faszinierenden Metropole Melbourne nicht vorgesehen. Wir verlegten deshalb unseren Flug nach Sidney um vier Tage nach vorne und organisierten einen privaten Abstecher nach Melbourne. Alles klappte problemlos, und am Vorabend des offiziellen Reisebeginns landeten wir pünktlich wieder in Sidney und ließen uns von einem freundlichen Taxifahrer zu dem von dem Reiseveranstalter gebuchten Stadthotel fahren.

Beim Einchecken an der Rezeption bemerkten wir, daß die Hotelangestellten uns wohl für

Alleinreisende hielten. Sie schienen nicht zu wissen, daß wir Teil der am nächsten Tag eintreffenden Reisegruppe waren. Wir unternahmen auch nichts, um ihnen den Sachverhalt zu erklären und waren nur bemüht, möglichst bald unser Zimmer zugewiesen zu bekommen. Das allerdings verzögerte sich. Der Clerk visitierte unsere nagelneuen teueren Schalenkoffer, warf dem zweiten Angestellten einen vielsagenden Blick zu und sagte dann, das zugesagte Zweibettzimmer sei leider nicht mehr frei, wir könnten aber eine Suite beziehen, zum ursprünglichen Preis für ein Doppelzimmer selbstverständlich. Uns war`s egal. Ein Hotelboy bemächtigte sich der Koffer und entführte uns in einen abgelegenen Trakt des Hotels. Er öffnete die Tür und wir betraten eine riesige Suite, mit Vorraum, geräumigem Aufenthaltsraum, Küche und Schlafzimmer. Irma war ganz begeistert von der Küche, deren Boden und Arbeitsflächen mit schwarz-rosa gesprenkelten Granitplatten verkleidet waren.

Im Vorraum gab es einen Wandsafe. Im Gegensatz zu anderen Hotels mußte man hier aber zur Programmierung die Kreditkarte in ein entsprechendes Lesegerät einführen. Das war mir suspekt, und Irma meinte: „Das machst du lieber nicht, dafür haben wir ja unser Alarmsystem!" Das waren zwei kleine schwarze Kästchen, die je einen Rauchmelder und einen Bewegungsmelder enthielten und die ich seit mindestens zehn Jahren auf allen bisherigen Reisen immer dabei hatte, ohne daß zum Glück jemals der Ernstfall eingetreten war. Man hängte eines an die Türklinke und eines an den

Fensterreiber, und wenn sich da was bewegte, gab es einen schrillen, durchdringenden Alarmton, der durch Mark und Bein ging. „Die Eingangstüre hat sogar eine Sperrkette, soll ich die auch vorlegen?", fragte ich. „Ja, ja, sicher ist sicher", war Irmas Antwort. „Aber am Fenster mache ich nichts, es sind ja so viele, weil es eine Suite ist, und wir sind im dritten Stock", sagte ich abschließend, hängte das Kästchen an die Klinke und schaltete scharf. Damit waren die Sicherheitsvorkehrungen abgeschlossen.

Wir waren beide hundemüde, aber als wir uns eine gute Stunde später ins Bett legen wollten, meinte Irma erfreut: „Sogar ein Betthupferl haben sie uns auf das Kissen gelegt, schau, jeder kriegt eine Praline!" „Das heißt noch einmal Zähneputzen", erwiderte ich etwas mürrisch, konnte aber der süßen Versuchung dann doch nicht widerstehen.

Bleierne Müdigkeit, zähes Erwachen wie aus tiefer Narkose, ein ferner, allmählich deutlicher werdender Höllenlärm, das Gehirn wie benebelt, ein zunächst vergeblicher Versuch, aus dem Bett zu kommen, dann die Erkenntnis: Alarm, das Alarmsystem hat angesprochen! Ich, sonst auf Reisen kein Tiefschläfer, komme unendlich zäh aus dem Bett, wanke unsicher durch den Aufenthaltsraum zum Vorzimmer. Der durchdringende Alarmton kommt vom Fußboden! Da liegt das schwarze Kästchen, ist auf das Parkett gestürzt, die Eingangstüre ist geöffnet, soweit es die Sperrkette erlaubt, die ist unbeschädigt und nicht entriegelt. Der Einbruchsversuch wurde wohl durch den Alarm abgebrochen. Ich schalte das Gerät ab. Die Stille wirkt unheimlich. Auf dem Gang rührt sich nichts.

Ein Blick durch den Türspalt, draußen ist niemand zu sehen. Ich schließe die Türe, gehe zurück ins Schlafzimmer. Irma schläft tief. Sie zu wecken, ist schwierig, sie ist ebenfalls wie narkotisiert. Nach langer Zeit erst bekomme ich sie wach, versuche zu erklären, was geschehen ist. Da klingelt das Telefon. Ich hebe ab, niemand meldet sich. Das dreimal hintereinander. Wohl ein Versuch, eine Kontaktaufnahme nach draußen zu verhindern. Ich bin verunsichert, Irma hat Angst, aber wir sagen uns, daß nach dem mißlungenen ersten Einbruchsversuch ein zweiter ganz unwahrscheinlich wäre. Trotzdem tun wir in dieser Nacht, es ist inzwischen zwei Uhr, kein Auge mehr zu.
Am nächsten Morgen meldeten wir den Vorfall sogleich bei der Rezeption. Die Angestellten machten sich zwar ein paar Notizen, aber ein besonderes Interesse an dem Vorfall und an einer Weitergabe an die Direktion schienen sie nicht zu haben. „Die stecken ja mit den Einbrechern unter einer Decke", sagte Irma später. „Oder sie waren es selber" ergänzte ich verärgert.
Bei unserer Reisegruppe, die inzwischen angekommen war und die wir nun erstmalig beim Frühstück kennenlernten, schlug unser Bericht allerdings wie eine Bombe ein. Einige weibliche Mitreisende verbarrikadierten daraufhin in der darauffolgenden letzten Nacht in diesem sauberen Hotel ihre Zimmertüre mit aufeinandergetürmten Stühlen, die sie noch zusätzlich mit darauf gestellten Porzellantassen und Tellern sicherten. Ich aber schrieb einen Brief direkt an die Hotelleitung, den ich vorsichtshalber jedoch nicht an der Rezeption

abgab, sondern in einen normalen Briefkasten in Sidney warf. Bezeichnenderweise erhielt ich nie eine Antwort auf dieses Schreiben, weder einen Brief an meine Heimatanschrift noch an meine e-mail-Adresse, die ich ebenfalls angegeben hatte. War die Leitung auch kriminell oder einfach nur uninteressiert? Wir haben es nie erfahren!

Lange konnten wir uns den Grund für unsere bleierne Müdigkeit in jener Nacht nicht erklären, wir dachten an alles mögliche und unmögliche, etwa an die Einleitung von Lachgas in das Appartement oder an eine Manipulation des Trinkwassers, bis endlich unser Neffe, damals Biologiestudent, dem Rätselraten ein Ende bereitete, indem er uns belehrte: „Das ist doch ganz klar, die haben euch KO-Tropfen in das Betthupferl praktiziert, in die Pralinen! Das beweist aber doch auch, daß es Hotelangestellte waren!" So muß es wohl gewesen sein! Danke, Flori, für diese Aufklärung!

Eine positive Auswirkung hatte unser aufregendes Abenteuer in der noblen Hotelsuite aber doch. Wir haben jetzt daheim eine Küche mit schwarz-rosa gesprenkelten Granitplatten!

2005

Beinahe gescheitert in Tripolis
Ein Schmuckkauf mit Hindernissen

Muammar al-Gaddafi, libyscher Diktator und lange wegen des ihm zugeschriebenen Abschusses einer Passagiermaschine über Lockerby vom Westen geächtet, hatte eine Kehrtwende um einhundertachsig Grad vollzogen. Er war nun zum umworbenen Gesprächspartner für westliche Regierungen geworden. Davon profitierten auch wir. Der Buchung eines zweiwöchigen Aufenthalts in Libyen stand nichts mehr im Wege. Das Land hatte erst vor kurzem eine zaghafte Lockerung seiner strikt sozialistischen Planwirtschaft gewagt. Deshalb war hier manches anders, als wir es sonst auf unseren Reisen für selbstverständlich gehalten hatten. Beispielsweise gab es keinerlei Möglichkeit, Einkäufe mit Hilfe von Kreditkarten zu tätigen. Alles war nur gegen Hingabe von Bargeld möglich, von Libyschen Dinaren also! Deren Einfuhr war aber verboten, ebenso der Umtausch gegen ausländische Devisen wie US-Dollar oder Euro. Also waren Einkäufe größeren Umfangs, etwa von Schmuck, praktisch unmöglich! Aber gerade in dieser Situation befanden wir uns, weil wir nämlich bei einem Schaufensterbummel eine schöne goldene, mit Amethysten bestückte Halskette nebst Armreif und Ohrhängern entdeckt hatten. Was tun in dieser Situation? „Erst einmal herunterhandeln, das muß man im Orient immer", sagte ich zu Irma. Der Händler erwies sich als zäher Verhandlungspartner, und erst unser definitiver, wenn auch gespielter Abbruch des Kaufgesprächs durch Verlassen seines Ladens brachte den Juwelier dazu, uns nach draußen auf die Straße nachzulaufen und meinen zuletzt genannten Kaufpreis zu akzeptieren.

Da ich die Hoffnung nicht aufgegeben hatte, in den nächsten Tagen auf irgend eine mir noch unbekannte Weise in den Besitz des nötigen, nicht unerheblichen Bargeldbetrages zu kommen, sagte ich nun zu dem Juwelier, er solle die Pretiosen bis zum morgigen Tag verwahren, ich käme dann mit dem Geld vorbei, um den Schmuck einzulösen. Der Händler willigte ein. Wir strebten in einer Mischung aus Erfolgsgefühl und Hoffnungslosigkeit unserem Hotel zu.

Am Morgen des nächsten Tages waren wir kein bißchen schlauer als tags zuvor. Ratlos saßen wir am Frühstückstisch, rekapitulierten die gestrigen Kaufgespräche und rätselten, wie wir zu dem nötigen Bargeld kommen könnten. Da mischte sich eine gut gekleidete Dame in unser Gespräch ein. Es gebe eine einzige Möglichkeit, zu dem gewünschten Bargeld zu kommen. „Schauen Sie einmal zum Fenster hinaus", sagte sie im besten Englisch. „Sehen Sie die drei Hochhäuser da drüben? In dem mittleren, im vierten Stockwerk, gibt es die einzige Möglichkeit, mit Kreditkarten Libysche Dinare zu kaufen, ganz legal. Es ist eine zentrale Einrichtung der Libyschen Staatsbank. Aber Sie sollten sich beeilen, die haben möglicherweise nur vormittags auf!" Sie wisse das deshalb so genau, weil sie lange in Tripolis gelebt habe. Sie sei zwar seit Jahren in New York ansässig, komme aber in Abständen immer wieder gern in ihre alte Heimat Tripolis zurück. „Dann nichts wie hin, und zwar gleich", war meine Reaktion. Wir bedankten uns für den hilfreichen Ratschlag und suchten hoffnungsvoll das besagte Hochhaus auf. Tatsächlich fanden wir im vierten Stock einen Bankschalter, wo wir gegen Vorlage des Reisepasses mit gültigem Visum sowie der Kreditkarte eines renommierten amerikanischen

Bankhauses den gewünschten Bargeldbetrag ausbezahlt bekamen. „Ich hab' etwas mehr eingetauscht, als wir eigentlich brauchen – vorsichtshalber" sagte ich erleichtert zu Irma. „Damit es auch wirklich reicht". Dann eilten wir zum Schmuckgeschäft. Da aber wartete eine weitere Schwierigkeit auf uns. Der gestrige Verkäufer war nämlich nicht da, statt dessen ein Kollege, der zwar die Pretiosen hütete, von einer Preisabsprache aber nichts wußte oder nichts wissen wollte. Erneute Preisverhandlung – erneuter vorgespielter Abbruch des Kaufgesprächs –etwa das gleiche Ergebnis - dann endlich händigte uns der kleine Gauner die ersehnten Juwelen aus – gegen Hingabe der „vermaledeiten Libyschen Dinare", wie ich mich nach Verlassen des Juweliergeschäfts verärgert ausdrückte.

Aber Irma war zufrieden, ich war zufrieden, der Juwelier war vermutlich auch zufrieden, und eigentlich konnte auch Muammar al-Gaddafi zufrieden sein, denn immerhin waren Devisen im Land geblieben, trotz der Hindernisse, die uns sein immer noch sozialistisches System in den Weg gelegt hatte.

2007

Der kleine Fußgänger von Palma
Ein Wunder an der Passeig des Born

Casa Galesa hieß das kleine, aber feine Hotel in der Altstadt von Palma de Mallorca, ein Palast aus dem

16. Jahrhundert mit nur zwölf Zimmern, von dem aus wir Stadt und Insel erkunden wollten Da war es nicht weit zur Kathedrale La Seu und zum Almudaina-Palast, der ehemals arabischen Festung, die heute dem spanischen Königspaar bei Besuchen auf den Balearen als Residenz dient. Wichtig für uns waren die gemütlichen Cafès, wie beispielsweise das Cafè Capuccino direkt neben einer schönen Mirò-Skulptur, oder das wunderbare Jugendstil-Cafè „Forn des Teatre". „Forn" bedeutet auf mallorquinisch Bäckerei, „Panaderia" auf Spanisch. Aber die Mallorquiner reden kaum Spanisch, sondern vor allem ihre mallorquinische Abart des Katalanischen. Zum Kulturprogramm gehörte auch ein Ausflug nach Valldemossa, wo Frédéric Chopin und die Schriftstellerin George Sand einen Winter lang Quartier nahmen, in der Hoffnung auf Heilung von dem Lungenleiden des Komponisten.

Eine fünf Kilometer lange historische Straßenbahn von 1913, welche die Stadt Sóller mit ihrem Hafen verbindet, zeigt, was Vorschriften anrichten können. Die heute recht romantische Linie diente nämlich dem einzigen Zweck, die siebenundzwanzig Kilometer lange Schmalspur-Eisenbahnlinie von Sóller nach Palma auf dann zweiunddreißig Kilometer zu ergänzen. Nur für Kleinbahnstrecken ab dreißig Kilometern gab es nämlich zur damaligen Zeit staatliche Subventionen!

All das und noch mehr hatten wir in privat organisierten und gebuchten Rundfahrten und Ausflügen gesehen.

Nun waren wir wieder in der Hauptstadt und warteten an der Passeig des Born, einer stark frequentierten Straße, auf den roten Sightseeing-Bus für eine Stadtrundfahrt. Ein breiter Grünstreifen trennte die beiden Fahrspuren. Unmittelbar neben uns führte ein Zebrastreifen über die Fahrbahn.

Da betrat wie selbstverständlich eine kleine Katze vom Bürgersteig aus den Zebrastreifen. Sie hatte ein kohlrabenschwarzes Fell mit einem dekorativen weißen Fleck am Hals. Der war mit einem schicken roten Halsband geschmückt, das außerdem noch ein goldenes Glöckchen zierte. „Schau einmal, die Katze geht über die Straße" machte ich Irma auf die vermeintlich gefährliche Situation aufmerksam, und die reagierte in Panik. „Um Gottes Willen, ich kann gar nicht hinschauen! Die Mieze wird ja überfahren!" rief sie und wandte den Blick ab. Aber es bestand keinerlei Gefahr. Stolz, als wüßte sie um ihr Vorrecht auf dem Zebrastreifen, überquerte die Katze erhobenen Hauptes die Fahrbahn. Mir stockte der Atem, aber dann geschah sozusagen ein kleines Wunder! Alle Autos, die sich dem Übergang genähert hatten, akzeptierten nämlich das Vorrecht des selbstbewußten kleinen Stubentigers und hielten an, bis die Mieze, klein wie sie war, jedoch ohne Zweifel eine große Persönlichkeit, die Straße überquert hatte. Auch meine Frau hatte das Wunder mitbekommen, denn ich hatte ihr rechtzeitig zu Beginn der gefährlichen Überquerung Entwarnung signalisiert: „Du kannst unbesorgt schauen, ich glaube, die halten alle! Die mutige Mieze schafft das!"

„Das ist wirklich ein Wunder", war Irmas Kommentar, „daß die alle gehalten haben! Und daß

die Mieze gewußt hat, daß die halten werden. Und ob die das öfters macht?"
Aber diese Frage konnten wir nicht beantworten. Wir wußten nur: Wir hatten tatsächlich ein gar nicht so kleines Wunder erlebt!

2007

Flußaufwärts am Mekong
Von Saigon nach Pnomh Penh

Auch wenn sie jetzt Ho-Chi-Minh-Stadt heißt, so trägt die größte Stadt Vietnams doch zu Recht neuerdings wieder den Beinamen „Paris des Ostens". Saigon, wie die Metropole von vielen immer noch genannt wird, atmet mit seinen breiten Boulevards, seinen einladenden Straßencafés und seinen eleganten Läden nach Jahren von Unruhen, Krieg und Verwüstung wirklich einen Hauch von Pariser Atmosphäre.
Wir residierten einige Tage im luxuriösen Hotel Continental, das der britische Schriftsteller, Kriegsberichterstatter und Geheimdienstagent Graham Greene in seinem Roman „Der stille Amerikaner" so eindrucksvoll verewigt hat. Danach fuhren wir mit der Autofähre flußaufwärts durch die trüben Fluten des Mekong zu einer abenteuerlich heruntergekommenen, in ihrer Verwahrlosung aber schon wieder romantisch anmutenden Grenzstation. „Also, hier sagen sich wirklich Fuchs und Hase gute Nacht", sagte ich zu Irma. Die aber widersprach:. „Schau' einmal, da ist doch ein nettes kleines Lokal.

Ich will einmal nachsehen, wie es hinter dem Gebäude aussieht!"
„Das mußt du dir unbedingt anschauen", sagte sie, als sie nach kurzer Zeit wiederkam. „Komm' einmal mit, das muß man gesehen haben, wie schmutzig es da zugeht!." Und in der Tat gab es einiges zu sehen hinter der recht ordentlichen Fassade auf der Vorderseite „Die bereiten doch tatsächlich die Speisen hinter dem Haus am Boden direkt neben dem dreckigen Toilettenhäuschen zu, und die Schüsseln und Teller waschen sie in dem schmutzigen Zuber aus, der wahrscheinlich auch beim Reinigen des Aborts benützt wird", sagte ich angewidert, aber Irma wiegelte ab: „Zum Glück müssen wir hier ja nicht essen!" Mein Traum von einem kleinen Imbiß war damit sozusagen ins schmutzige Wasser gefallen.

Nach dieser Niederlage und nach langer Wartezeit bekamen wir endlich das Visum für die Einreise nach Kambodscha. Dann ging es weiter mit dem Fährschiff bis Pnomh Penh, nach der Schreckensherrschaft der Roten Khmer mit hunderttausenden Toten nun wieder königliche Hauptstadt.

Im offiziellen Reiseprogramm war der Besuch einer Schädelstätte vorgesehen mit Besichtigung der Überreste der von den Roten Khmer zu Tode geschundenen Menschen. Auf diesen Teil des gebuchten Programms wollten wir gerne verzichten, zumal ein ganz besonderes Fest auf uns wartete.

Wir trennten uns also von der Reisegruppe, mischten uns auf eigene Faust unters Volk und ließen uns mit einer Motor-Rikscha, einem „Tuk

Tuk", vom Hotel zum königlichen Palast chauffieren. Von dort war es nicht weit zum Ufer des Tonle Sap, eines Nebenarms des Mekong, wo wir am heutigen höchsten Feiertag der Kambodschaner zusammen mit etwa zwei Millionen Besuchern aus allen Dörfern und Tempelgemeinden des Landes und sogar aus dem benachbarten Ausland das „Asiatische Wasserfest" besuchen wollten, das mit einem mehrtägigen Bootsrennen gefeiert wird. Das Fest findet nur einmal im Jahr statt und war deshalb nicht Bestandteil des Reiseprogramms.

Die „Wasserwende auf dem Tonle Sap" ist ein einmaliges Naturphänomen. Während der Regenzeit nämlich steigt der Pegel des Mekong stark an. Als Folge werden riesige Wassermassen den Tonle-Sap Fluß hinaufgedrückt, so daß es dort zu einer Strömungsumkehr kommt. Das Wasser fließt also flußaufwärts! Dadurch vergrößert sich der See am Oberlauf des Tonle Sap auf das dreifache der ursprünglichen Fläche, und das wiederum hat gute Reisernten zur Folge. Jetzt, am Ende der Regenzeit, dreht sich alles wieder um, das Wasser fließt ordnungsgemäß bergab, und das ist ja wohl Grund genug für ein dreitägiges Fest!

Als Ausländer bekamen wir kostenlos von freundlichen Ordnungskräften einen Platz auf der VIP-Tribüne zugewiesen, von wo aus wir die zwei Kilometer lange Regattastrecke gut überblicken konnten. Akustisch unterstützt durch Zurufe und durch das ohrenbetäubende Geschrei der jeweiligen Fangemeinde kämpften immer zwei Boote in direkter Konkurrenz gegeneinander. Auch wir hatten schon zu Beginn des Rennens eine ganz in Grün gewandete Mannschaft als unsere Favoriten ausgewählt, aber die „grünen Bären" endeten weit abgeschlagen. Mehr als vierhundert Langboote gingen ins Rennen, auch ein Boot mit weiblicher Besatzung war dabei. Jedes Boot trug am Heck einen Wimpel mit der Startnummer und dem Schriftzug der Firma Siemens, der offensichtlich einzigen Sponsorfirma.

Ein Feuerwerk am Abend rundete den erlebnisreichen Tag ab.

Dann ging's weiter im normalen Reiseprogramm mit dem absoluten Höhepunkt jeder Kambodschareise, dem Besuch des Tempels von Angkor Wat, des großartigsten Bauwerks der Khmer-Klassik aus dem elften Jahrhundert, kenntnisreich erklärt von unserem sympathischen einheimischen Reiseführer. Der hatte unter dem Pol-Pot-Regime seine ganze Familie verloren: Der Vater, Mathematiker, als Intellektueller erschlagen, die Mutter vor den Pflug gespannt an Stelle eines Wasserbüffels, an Entkräftung gestorben, die Geschwister brutal ermordet. Er mußte von einem Baum aus, wo er sich verstecken konnte, die Untaten der entmenschten Mörder mitansehen. Der Kopf des kleinsten Bruders an einem Baumstamm zerschmettert, die Schwester hochgeworfen und mit einem Bajonett aufgespießt. Erst nach Tagen traute er sich wieder von seinem Baum herunter. Später, gastfreundlich zur Erholung in der DDR aufgenommen, weinte er tagelang – weil kein Krieg mehr war, weil nicht geschossen wurde, weil es was zu essen gab, weil die Menschen freundlich und gut zu ihm waren!

Um so mehr empörte uns, daß dieser arme, freundliche, intelligente, immer um das Wohl der ihm anvertrauten Reisegruppe besorgte Mann ausgerechnet von einer deutschen Mitreisenden um einen Teil seines wohlverdienten Trinkgeldes geprellt wurde!

Die Reisegruppe hatte diese Mitreisende zur verantwortlichen Kassenwartin gekürt. Sie sollte die Spenden einsammeln und später dem Reiseführer übergeben. Der Zufall wollte es, daß meine Frau am Morgen des letzten Tages vor dem Grenzübertritt nach Thailand mitbekam, wie das Weibsstück sich an dem Geld vergriff. „Die gemeine Person hat aus dem Umschlag mehrere Scheine herausgenommen und in die eigene Tasche gesteckt", sagte Irma. „Ich habe es genau gesehen. Es war gleich nach dem Frühstück, auf der Bank vor dem Haus, und sie fühlte sich unbeobachtet, hat meine Anwesenheit gar nicht bemerkt. Da muß man doch eingreifen!" Ich dämpfte ihren Tatendrang. „Du hast es zwar gesehen, aber es gibt keinen Zeugen. Also steht Aussage gegen Aussage. Die kann dich höchstens noch wegen übler Nachrede verklagen!" Irma aber erwiderte in ihrem gerechten Zorn: „Also, wenn es einen Gott gibt und eine Gerechtigkeit, dann muß diese unverschämte Person eine Strafe kriegen für eine solche Gemeinheit!" Während der Busfahrt zum Grenzort Poipet überreichte dann die Diebin ihrem bestohlenen Opfer den Umschlag mit ein paar freundlichen Worten, und der nichtsahnende Reiseleiter freute sich und bedankte sich höflich bei der Reisegruppe!

Beim Grenzübergang ging anfangs alles zügig voran. Dann allerdings gab es einen unerklärlichen Stillstand. Der Reiseleiter war nicht greifbar, die Mitreisenden inmitten der langen Menschenschlange wußten von nichts, andere Gruppen wurden schon ungeduldig. Dann plötzlich kam Bewegung in die Wartenden, und jemand kannte nun auch den Grund für die Verzögerung: „Da ist eine Frau gestürzt und hat sich übel verletzt, die mußte ärztlich versorgt und verbunden werden!" Als wir nach Absolvieren der Grenzformalitäten wieder unseren Bus bestiegen, wurde offenbar, wer diesen Unfall erlitten hatte. Es war die ungetreue Kassenverwalterin.. Sie hatte sich bei dem Sturz das Nasenbein gebrochen!
„Es gibt mehr Ding zwischen Himmel und Erde, als Eure Schulweisheit sich träumt", läßt Shakespeare seinen Hamlet sagen, und das lassen wir nun einfach so stehen.

2008

Das Geburtstagsgeschenk
der Austrian Airlines

Es war reiner Zufall, daß der Beginn der längst gebuchten Balkanreise auf meinen Geburtstag fiel. Ich hatte gar nicht mehr daran gedacht, aber dem Zentralrechner der Austrian Airlines war das Jubiläum nicht entgangen, und so kam es, daß ich, kaum an Bord der Maschine, nicht nur die

Glückwünsche einer freundlichen Stewardesse entgegen nehmen durfte, sondern auch ein in Glanzpapier verpacktes Geschenk, nämlich eine Flasche Sekt der Marke Henkell trocken, die ich sogleich hocherfreut im Handgepäck verstaute.
Die kurze Teilstrecke von München nach Wien schien wenig geeignet für eine Geburtstagsfeier. Also ließen wir die Flasche im Handbag mit der Absicht, sie auf der längeren Flugstrecke nach Kroatien zu unserem ersten Etappenziel Split zu köpfen. Daß wir da die Rechnung ohne den Wirt respektive ohne Beachtung der wegen Terrorismusgefahr verschärften Sicherheitsbestimmungen gemacht hatten, bemerkten wir erst bei der erneuten Gepäckkontrolle in Wien. „Die Flasche dürfen Sie nicht mit an Bord nehmen", sagte die Sicherheitskontrolleurin nach Begutachtung des Röntgenbildes. „Flüssigkeiten beim Handgepäck sind unzulässig!" Ich versuchte, zu retten, was wohl nicht mehr zu retten war. „Ihre Fluggesellschaft war es doch, die mir die Flasche Sekt geschenkt hat, zu meinem Geburtstag, an Bord der ersten Maschine am Flughafen München", argumentierte ich. „Es tut mir leid", war die Antwort, „da hätten Sie den Sekt eben auf der ersten Teilstrecke trinken müssen, hier dürfen Sie ihn auf keinen Fall mit in die Maschine nehmen!" „Das darf ich aber doch!" „Nein, dürfen Sie nicht!" „Darf ich schon!" Mir war nämlich eine Idee gekommen. „Komm", sagte ich zu meiner Frau, „wir machen die Flasche auf, und dann trinken wir sie aus. Im Magen werden wir den Sekt doch wohl mit an Bord nehmen dürfen". Gesagt, getan! Zu zweit tranken wir die 0,7 Liter guten Sekt, warfen

die leere Flasche in einen Abfalleimer neben der verdutzten Kontrolleurin und durften daraufhin ohne weitere Komplikationen endlich an Bord gehen. Wir stellten, wenn auch leicht besäuselt, nun keine Gefahr mehr für den Flugverkehr dar!

2011

Im Schuhladen in Jalta - und kein Geld in der Tasche

Hält man sich an die geschichtlichen Tatsachen, dann gehört die Krim selbstverständlich zu Rußland und nicht zur Ukraine. Katharina die Große war schließlich russische Zarin, als sie die unter türkischer Oberhoheit stehende Halbinsel im Jahre 1786 eroberte, annektierte und in der Folgezeit zu wirtschaftlicher Blüte brachte. Daß in der Sowjetzeit Nikita Chruschtschow das Kleinod dann in großartiger Geberlaune seiner ukrainischen Heimat zum Geschenk machte, kann man ruhig als Randnotiz der Geschichte einordnen.
Nun flanierten wir also durch den schönen Luftkurort Jalta, und der war aus den genannten Gründen derzeit mitsamt der ganzen Krim ukrainisch.. Zweite Amtssprache war aber russisch, die Sprache der überwiegenden Mehrheit der Bevölkerung.
Am letzten Tag unseres Aufenthalts genossen wir bei einem Spaziergang über die Ufermeile, die immer noch den Namen „Leninufer" trug, ein letztes Mal

das milde, mediterrane Oktoberklima und beobachteten die einheimischen Baderatten, die sich in Ufernähe im warmen Wasser tummelten. Dann sahen wir eines der vielen Salamander-Reklameschilder, die uns schon vor Tagen aufgefallen waren. Ganz in der Nähe des anrührenden Denkmals für den russischen Dichter Anton Tschechow, das ihn zusammen mit den Figuren seiner berühmten Erzählung „Die Dame mit dem Hündchen" zeigt, stand das große Plakat mit der Abbildung eines eleganten schwarzen Herrenschuhs und dem Namen „Salamander". Ich hatte noch nie Bedenken gehabt, auch deutsche Produkte auf Auslandsreisen zu kaufen, wenn sich eine günstige Gelegenheit dafür bot. „Mensch, vielleicht haben die brauchbare Schuhe," sagte ich zu Irma. „da gehen wir jetzt hin und schauen nach!" Gesagt, getan. Wir studierten den Stadtplan und fanden den Laden ganz in der Nähe. Im Verkaufsraum waren viele Käufer, in der Hauptsache Frauen. Ich brachte meinen Wunsch nach einem Paar schwarzer Herrenschuhe Marke Salamander vor, die Verkäuferin fragte nach der Größe und brachte dann einige Schachteln, so daß ich mir ein passendes Paar aussuchen konnte. „Die sind sehr bequem," konstatierte ich, „und sie sitzen ganz toll! Die nehme ich! Was kosten sie denn?" Es stellte sich heraus, daß der Betrag meine noch vorhandene Barschaft in ukrainischen Griwna überstieg. Die Differenz in Euro zu bezahlen, war nach Auskunft der Verkäuferin nicht möglich. „Das werden wir gleich haben", sagte ich zu Irma. „Bleib` du hier im Laden und paß` auf, daß mir niemand die

Schuhe wegkauft. Ich gehe derweil in die Bank da drüben!" Aber als ich in dem Bankhaus nach Vorlage des Reisepasses und Ausfüllen eines Formulars den Griwna-Betrag eintauschen wollte, eröffnete mir der Schalterbeamte, das sei nun leider doch nicht möglich. Der Zentralrechner sei ausgefallen, er habe keinen Zugriff auf die Kasse. Verärgert verließ ich die Bank und ging zurück in den Schuhladen. „Da bin ich wieder", erklärte ich meiner Frau, „aber Geld habe ich keines! Bei denen ist der Zentralcomputer ausgefallen. Aber warte, ich gehe jetzt hinüber in unser Hotel. Das ist doch gleich daneben, und die haben ja auch eine Wechselstube. Ich bin gleich wieder da!" Aber in der Wechselstube des Hotels hatte ich auch kein Glück. Die hingen nämlich am gleichen zentralen Computer und konnten deshalb auch keine Griwna locker machen. Entmutigt suchte ich wieder das Schuhgeschäft auf, um Irma und der Verkäuferin das endgültige Scheitern der Aktion Geldbeschaffung mitzuteilen. Zwei einheimische Kundinnen hatten die ganze Misere von Anfang an mitbekommen. Die schalteten sich jetzt ein, um mir aus der Patsche zu helfen. Die eine gab mir ein diskretes Zeichen, ich solle mit ihr nach draußen kommen. Dort erklärte sie in gebrochenem Deutsch, sie könne mir helfen, zu der gewünschten Griwna-Summe zu kommen. Sie sei bereit, Griwna gegen Euro umzutauschen. Sehen dürfe das aber niemand. Ich bot ihr den offiziellen Tageskurs an, den ich ja inzwischen kannte, und sie ließ sich sofort darauf ein. Auf einer Parkbank ganz in der Nähe wickelten wir dann die illegale, aber hilfreiche Tauschaktion ab, zum beiderseitigen Vorteil, wie ich doch hoffen will. Dann ging ich zurück in den Schuhladen, um den Kauf perfekt zu machen, sehr zum Erstaunen der Verkäuferin, die - sichtbar verwirrt – sich offenbar überhaupt nicht erklären konnte, woher denn nun eigentlich mein plötzlicher Griwna-Reichtum stammen könne.

Weitere Bücher von Heinz Staudinger

Zwischen Hakenkreuz und Sternenbanner
Weilheimer Kindheitserlebnisse **1937-1949**
ISBN 978-3-898-11071-6   380 Seiten

„Es geht um den Alltag der Kinder und Jugendlichen im Deutschland der NS- und Nachkriegsjahre." Stefan Weinzierl im „Münchner Merkur"

„Das Panorama Weilheims mit seinen Straßen, den damals noch selbständigen kleinen Dörfern, dem Moos und den Gassen wird lebendig. Schulspeisung, Aufmärsche, Bubenstreiche und schmerzliche Verluste ziehen in einem farbigen, auch betroffen machenden Bilderbogen vorbei. Bei Staudinger werden die Menschen lebendig, lernt man, was einen Buben damals prägte: Karl May und die Kriegsheftchen, das Auseinanderklaffen von Propaganda und Wirklichkeit." Thomas Wellens im „Weilheimer Tagblatt"

„Ein wenig an die Feuerzangenbowle erinnern seine Schilderungen"
Bianca Heigl im „Wochenblatt extra"

Weilheimer Schulgeschichten 1939 – 1952
Erzählungen aus der Volksschul- und Gymnasialzeit.

Band 1 1939-1949
Kurzfassung des Buches „Zwischen Hakenkreuz und Sternenbanner"
ISBN 978-3-837-05534-4 172 Seiten
Vergriffen!

Band 2 1950-1952
Langsam zurück zur Normalität bis zum Abitur
Mit 53 Fotos und 10 Dokumenten
ISBN 978-3-837-05535-1 128 Seiten

Hat Frau Schmette schon geschrieben?
Das verlorene Jahr im Leben der Irma T.
Erzählung
ISBN 978-3-839-13263-0 140 Seiten
Vergriffen!

„Heinz Staudinger ist ohne Zweifel ein Erzähltalent"
Martin Prem im „Münchner Merkur"